2017
汽车行业绿色发展报告

AUTOMOTIVE INDUSTRY GREEN DEVELOPMENT REPORT

中国汽车技术研究中心　编著

人 民 邮 电 出 版 社
北 京

图书在版编目（CIP）数据

汽车行业绿色发展报告. 2017 / 中国汽车技术研究中心编著. -- 北京 : 人民邮电出版社, 2017.11
ISBN 978-7-115-47175-8

Ⅰ. ①汽… Ⅱ. ①中… Ⅲ. ①汽车工业－绿色经济－经济发展－研究报告－中国－2017 Ⅳ. ①F426.471

中国版本图书馆CIP数据核字(2017)第274170号

内容提要

本报告分为 3 部分，分别为综述篇、专题篇、发展趋势篇，依次介绍 2016 年汽车行业绿色发展整体情况、重点领域政策标准进展、发展现状、先进技术等情况，并据此分析汽车绿色发展未来方向与趋势，为政府与企业更好地认识和把握汽车工业绿色发展的目标、方向、重点任务，积极应对新形势下的机遇和挑战，提供数据及技术支持。

本报告适合汽车从业人员、绿色发展与环境咨询人员、科研人员、政府相关部门成员及其他对汽车行业绿色发展感兴趣的人士阅读。

◆ 编　　著　中国汽车技术研究中心
责任编辑　代晓丽
责任印制　彭志环

◆ 人民邮电出版社出版发行　　北京市丰台区成寿寺路 11 号
邮编　100164　　电子邮件　315@ptpress.com.cn
网址　http://www.ptpress.com.cn
北京画中画印刷有限公司印刷

◆ 开本：787×1092　1/16
印张：11.5　　2017 年 11 月第 1 版
字数：224 千字　　2017 年 11 月北京第 1 次印刷

定价：88.00 元

读者服务热线：(010)81055488　印装质量热线：(010)81055316

反盗版热线：(010)81055315

《汽车行业绿色发展报告（2017）》指导委员会及编委会名单

指导委员会

主　　任　高云虎

副 主 任　杨铁生　毕俊生　李　力

委　　员　雷　文　王孝洋　尤　勇　王文远

编委会

主　　任　于　凯

副 主 任　张建伟

主　　编　郑继虎

副 主 编　郑乃金　陈　平

主要执笔人　张　鹏　徐树杰　赵明楠　庄梦梦

赵冬昶　艾　崇　杜志彬　孟　菲

庄恒国　吕仁志　任焕焕　刘雪峰

李龙辉　王　昊　赵振家　孙　锌

严玉廷　罗　汀　吴　蒙　任家宝

陈　川　贾莉洁　刘瑞明

序言

习近平同志在党的十九大报告中指出："人与自然是生命的共同体，人类必须尊重自然、顺应自然、保护自然"，明确要求："加快建立绿色生产与消费的法律制度和政策导向，建立健全绿色低碳循环发展的经济体系"。党中央、国务院高度重视绿色发展，将生态文明建设和环境保护列为全面建成社会主义小康社会的重要战略目标，强调必须牢固树立并全面贯彻"创新、协调、绿色、开放、共享"的新发展理念。

绿色发展已经成为世界发展的潮流和趋势，特别是在应对气候变化的国际大背景下，绿色制造技术水平直接体现制造业的可持续发展能力，研究开发绿色制造技术成为世界工业发达国家强化制造技术创新的重要内容。美国将新能源技术列为《先进制造伙伴计划 2.0》中 11 项振兴制造业的关键技术之一；德国将"资源效率（含环境影响）"列为"工业 4.0"的八大关键领域之一；英国《未来制造》中提出实施绿色制造提高现有产品的生态性能，重建完整的可持续工业体系，实现节材 75%，温室气体排放减少 80% 的目标等。

汽车产业是国家支柱性产业，也是能源消费和排放的大产业。正在积极采取措施响应国家战略部署，通过创新绿色设计，推广绿色产品，搭建绿色供应链，建设绿色工厂，开展绿色回收等环节，不断提升汽车产业的绿色化水平，推动产业可持续发展，为实现绿色发展做出贡献。为了加强汽车企业之间的信息共享，促进汽车行业绿色技术共创分享，需要一个绿色发展信息的交流、整合、共享平台，引导行业科学高效、绿色发展。

《汽车行业绿色发展报告》的发布，将搭建一个汽车行业绿色发展信息的发布渠道，既能够帮助政府全面、及时地了解行业现状，为制定符合我国国情和汽车行业发展实际的绿色制造推进政策提供参考，同时又可以为企业制定绿色发展规划提供参照，帮助企业明确发展方向，发展和应用先进技术，加快绿色转型。

《汽车行业绿色发展报告（2017）》（以下简称《报告》）回顾总结了 2016 年我国汽车行

业绿色发展的成就，对行业绿色发展概况、重点领域政策标准进展、先进技术应用等情况和数据进行了综合梳理，并分析展望了汽车绿色发展的未来方向与发展趋势。《报告》将助力企业更好地认识和把握汽车工业绿色发展的目标、方向、重点和难点，积极应对新形势下的机遇和挑战，具有很好的参考价值。

衷心希望《报告》的发布能够加快汽车行业绿色制造服务体系的建设步伐，带动我国绿色制造水平再上新台阶！

2017 年 11 月 11 日

前言

1996 年，美国制造工程师学会（SME）发表了关于绿色制造的专门蓝皮书《Green Manufacturing》，提出绿色制造的概念，即绿色制造是一个综合考虑环境影响和资源效益的现代化制造模式，其目标是使产品从设计、制造、包装、运输、使用到报废处理的整个产品生命周期中，对环境的影响（副作用）最小，资源利用率最高，并使企业经济效益和社会效益协调优化。

从绿色制造的定义可知，绿色制造涉及的问题领域包括 3 部分：① 制造领域，包括产品生命周期全过程；② 环境领域；③ 资源领域。绿色制造就是这三大领域内容的交叉和集成。

2016 年 6 月 30 日，工业和信息化部发布《工业绿色发展规划（2016-2020 年）》（以下简称《规划》），对工业领域的传统工业改造、绿色技术创新、法规标准制度建设等方面提出了全面的绿色化要求，并明确提出了工业领域绿色发展十大重点任务。汽车工业作为对能源、环境影响重大的制造业之一，在《规划》中被多次提及，主要包括以下几个方面。

① 开发绿色产品，按照产品全生命周期绿色管理理念，遵循能源资源消耗最低化、生态环境影响最小化、可再生率最大化原则，大力开展绿色设计示范试点，以点带面，加快开发具有无害化、节能、环保、低耗、高可靠性、长寿命和易回收等特性的绿色产品。

② 减少有毒有害原料使用，从源头削减或避免污染物产生，推进汽车等重点产品有毒有害物质限制使用；实施挥发性有机物削减计划，在汽车制造等重点行业推广替代或减量化技术。

③ 建立绿色供应链，以汽车等行业的龙头企业为依托，以绿色供应链标准和生产者责任延伸制度为支撑，带动上游零部件或元器件供应商和下游回收处理企业，在保证产品质量的同时践行环境保护责任，构建以资源节约、环境友好为导向，涵盖采购、生产、营销、回收、物流等环节的绿色供应链。

④ 创建绿色工厂，按照厂房集约化、原料无害化、生产洁净化、废物资源化、能源低碳化的原则分类创建绿色工厂；鼓励企业使用清洁原料，对各种物料严格分选、分别堆放，避免污染。

优先选用先进的清洁生产技术和高效末端治理装备，推动水、气、固体污染物资源化和无害化利用，降低厂界环境噪声、振动以及污染物排放，营造良好的职业卫生环境。

⑤ 面向节能环保、新能源装备、新能源汽车等绿色制造产业的技术需求，加强核心关键技术研发，构建支持绿色制造产业发展的技术体系；电动汽车重点推进动力电池、电机、电控等技术研发。

⑥ 加快推动再生资源高效利用及产业规范发展，围绕报废汽车、废旧动力电池等主要再生资源，加快先进适用回收利用技术和装备推广应用，落实生产者责任延伸制度，在电器电子产品、汽车领域等行业开展生产者责任延伸试点示范。

汽车行业 2016-2020 年绿色制造的重点任务在于前端强调绿色设计，中端突出绿色采购、绿色生产和绿色产品，后端完善绿色回收。

本报告根据绿色制造关于环境的影响最小、资源利用率最高这一内涵，结合汽车绿色发展重点工作任务，秉承全生命周期思想，进行编制。《报告》总体框架分为 3 部分，分别为综述篇、专题篇、发展趋势篇，依次介绍 2016 年汽车行业绿色发展整体情况、重点领域政策标准进展、发展现状、先进技术等情况，并据此分析汽车绿色发展未来方向与趋势，为政府政策完善、企业规划调整提供数据与技术支持。

① 综述篇。该篇分别从国家管控政策、行业发展趋势、企业开展现状、市场消费模式 4 个层面，宏观综述 2016 年中国汽车行业绿色发展的基本情况。

② 专题篇。该篇主要从生命周期评价和有害物质控制、绿色供应链、绿色工厂、生态汽车和节能与新能源汽车、报废汽车回收利用五大方面，阐述国内外相关政策及标准进展、行业发展现状、绿色先进技术。

③ 发展趋势篇。该篇从政策标准发展趋势、产业发展趋势两个维度分析了汽车产业绿色发展未来方向。

目录

综述篇

专题篇

发展趋势篇

附录

2017
汽车行业
绿色发展报告

AUTOMOTIVE INDUSTRY GREEN DEVELOPMENT REPORT

综述篇

第 1 章
国家管控措施不断完善，政策环境日益优化

1.1 “十三五”规划倡导绿色发展理念

2016 年，国家发布国民经济和社会发展第十三个五年规划纲要（“十三五”规划），作为我们国家经济发展新常态的第一个五年行动纲领。其中绿色发展贯穿了“十三五”经济社会发展的各个领域和环节，成为主基调之一。汽车产业作为国民经济的重要支柱，近年来一直保持高速发展态势，2016 年汽车产销量再创历史新高，分别完成 2 811.9 万辆和 2 802.8 万辆的成绩，比 2015 年同期分别增长 14.5% 和 13.7%，高于 2015 年同期 11.2 个百分点和 9.0 个百分点，连续 8 年位居全球第一，是“十三五”期间绿色发展的重要战略阵地。

“十三五”期间我国汽车产业虽面临诸多挑战，但由于国家“一带一路”政策引领以及一系列支持政策落地等利好因素，汽车产业增长的制约因素将有望科学解决。对于汽车污染问题，我国新生产汽车将参照发达国家经验，全面实施第五阶段排放标准，并逐步向第六阶段排放标准过渡；对于交通拥堵问题，交通拥堵将随汽车增速逐步降至 10% 以下，城市道路、停车设施建设加强，交通管理水平提高等因素逐步得到解决；对于能源紧张问题，据国家《节能与新能源汽车发展规划（2012-2020 年）》，到 2020 年，当年生产的乘用车平均燃料消耗量将降至 5.0 L/100 km。伴随着汽车发展环境的逐步优化以及汽车企业的自身努力，中国汽车技术将获得重大进步，“十三五”时期无疑是我国汽车产业发展、实现绿色转型升级的重要机遇期。

1.2 《中国制造 2025》开启绿色制造工程

2015 年 5 月 19 日，国务院印发《中国制造 2025》，将“绿色发展”作为指导方针之一，并将“绿色制造”作为五项重大工程之一，文中指出：坚持把可持续发展作为建设制造强国的重要着力点，加强节能环保技术、工艺、装备推广应用，全面推行清洁生产；发展循环经济，提高资源回收利用效率，构建绿色制造体系，走生态文明的发展道路。文中对于工业的绿色发展，提出了重点方向。

① 加大先进节能环保技术、工艺和装备的研发力度，加快制造业绿色改造升级；提高制造业资源利用效率；强化产品全生命周期绿色管理。

② 加快制造业绿色改造升级。全面推进传统制造业绿色改造，大力研发推广余热余压回收、水循环利用、有毒有害原料替代等绿色工艺技术装备；加快应用清洁高效铸造、锻压、焊接、表面处理、切削等加工工艺，实现绿色生产；加强绿色产品研发应用；积极引领新兴产业高起点绿色发展，大幅降低产品生产、使用能耗及限用物质含量。

③ 推进资源高效循环利用。支持企业强化技术创新和管理，增强绿色精益制造能力，大幅降低能耗、物耗和水耗水平；持续提高绿色低碳能源使用比率；全面推行循环生产方式；推进资源再生利用产业规范化、规模化发展；大力发展再制造产业，实施高端再制造、智能再制造、在役再制造。

④ 积极构建绿色制造体系。支持企业开发绿色产品，推行生态设计；建设绿色工厂，实现厂房集约化、原料无害化、生产洁净化、废物资源化、能源低碳化；发展绿色园区，推进工业园区产业耦合，实现近零排放。打造绿色供应链，落实生产者责任延伸制度；壮大绿色企业，支持企业实施绿色战略、绿色标准、绿色管理和绿色生产；强化绿色监管，健全节能环保法规、标准体系，加强节能环保监察，推行企业社会责任报告制度，开展绿色评价。

中国作为汽车制造大国，尚未摆脱传统的粗放型发展模式，汽车生产每年消耗上千万吨钢铁、上百万吨塑料，以及大量橡胶、玻璃、纺织品、有色金属和各种化工产品，并且铅、汞等有害物质仍被大量应用于汽车部件中。推动汽车产业落实《中国制造 2025》，贯彻绿色发展理念，按照全生命周期理念，从设计、采购、生产、物流、运输、回收等全方位出发，开展全链条绿色转型升级，对于提升我国汽车产品质量，提升国际影响力，消除绿色贸易壁垒具有重要意义。

1.3 “工业绿色发展规划”引导汽车绿色转型

为贯彻落实绿色制造工程，2016 年工业和信息化部（简称“工信部”）先后发布《工业绿色发展规划（2016-2020 年）》（以下简称《规划》）、《绿色制造工程实施指南（2016-2020 年）》，提出了绿色发展十大重点任务：① 大力推进能效提升，加快实现节约发展；② 扎实推进清洁生产，大幅减少污染排放；③ 加强资源综合利用，持续推动循环发展；④ 削减温室气体排放，积极促进低碳转型；⑤ 提升科技支撑能力，促进绿色创新发展；⑥ 加快构建绿色制造体系，发展壮大绿色制造产业；⑦ 充分发挥区域比较优势，推进工业绿色协调发展；⑧ 实施绿色制造 + 互联网，提升工业绿色智能水平；⑨ 着力强化标准引领约束，提高绿色发展基础能力；⑩ 积极开展国际交流合作，促进工业绿色开放发展。

作为对能源、环境影响重大的制造业之一，汽车行业在《规划》中被多次提及，主要包括以下几个方面。

① 减少有毒有害原料使用。推进汽车等重点产品有毒有害物质限制使用；实施挥发性有机物削减计划，在汽车制造等重点行业推广替代或减量化技术。

② 加快推动再生资源高效利用及产业规范发展。围绕报废汽车等主要再生资源，加快先进适用回收利用技术和装备推广应用；落实生产者责任延伸制度，在电器电子产品、汽车领域等行业开展生产者责任延伸试点示范。

③ 支持绿色制造产业核心技术研发。面向节能环保、新能源装备、新能源汽车等绿色制造产业的技术需求，加强核心关键技术研发，构建支持绿色制造产业发展的技术体系；电动汽车重点推进动力电池、电机、电控等技术研发。

④ 绿色产品设计示范。推进绿色设计试点示范，开展典型产品绿色设计水平评价试点，培育一批绿色设计示范企业，制定绿色产品标准。到 2020 年，力争开发推广万种绿色产品。

⑤ 绿色示范工厂创建。制定绿色工厂建设标准和导则，在钢铁、有色、化工、汽车等重点行业开展试点示范。到 2020 年，创建千家绿色示范工厂。

⑥ 建立绿色供应链。以汽车、电子电器等行业的龙头企业为依托，以绿色供应链标准和生产者责任延伸制度为支撑，构建以资源节约、环境友好为导向，涵盖采购、生产、营销、回收、物流等环节的绿色供应链。

《规划》的发布，为汽车行业指明了发展方向。未来 5 年，是汽车行业落实制造强国战略的关键时期，是实现汽车绿色转型升级的攻坚阶段。汽车产业应高举绿色发展大旗，紧紧围绕资源能源利用效率和清洁生产水平提升，以绿色化改造为重点，以绿色科技创新为支撑，以法规标准制度建设为保障，实施绿色制造工程，加快构建绿色制造体系，大力发展绿色制造产业，推动绿色产品、绿色工厂、绿色园区和绿色供应链全面发展，建立健全汽车绿色发展长效机制，提高绿色国际竞争力，走高效、清洁、低碳、循环的绿色发展道路。

第 2 章
行业发展势头良好，绿色引领未来潮流

2.1 节能减排实施效果初步显现

2016 年汽车行业运行形势喜人，规模以上企业工业增加值增速、主营业务收入、利润总额明显高于 2015 年，有力地支撑了经济平稳较快增长。2016 年，汽车行业拥有规模以上企业 14 110 余家，工业增加值同比增长 15.5%，分别高于国内生产总值和规模以上工业增速 8.8 个百分点、9.5 个百分点，推动经济增长 0.3 个百分点，对经济增长的贡献率高达 4.5%。实现主营业务收入 80 185.8 亿元，同比增长 14.1%，增幅比规模以上工业高出 9.2 个百分点。实现利润总额 6 677.4 亿元，同比增长 10.8%，增幅比规模以上工业高出 2.3 个百分点。完成固定资产投资 12 037 亿元，同比增长 4.5%，增幅比规模以上工业高出 0.9 个百分点。

汽车工业在供给侧结构性改革推动下，节能减排成效显著。目前，各整车制造企业均在设备流程、设备工艺、产能利用率等方面加大投入，着力降低单位产品能耗和碳排放。主流乘用车汽车工厂调研数据分析表明：各企业单车用电量水平节能减排效果显著，平均值约为 510 kWh/ 辆，超过 64% 的企业优于平均水平，先进企业的单车电耗约为 310 kWh/ 辆，比平均水平低约 40%；各企业单车用天然气量也有较大改善，平均水平约为 33 m^3/ 辆，50% 的企业优于平均水平，先进企业最优水平仅为 14 m^3/ 辆，比平均水平低约 60%，先进企业对行业用天然气量的降低做出巨大贡献；企业单车综合能耗平均水平约为 110 kgce（千克标煤），50% 左右的企业能源消耗优于平均水平，企业节能减排潜力较大；先进企业的单车碳排放为 321 $kgCO_2$，企业平均水平约为 640 $kgCO_2$，先进企业的碳排放水平远远低于平均水平，对汽车行业整体碳排放的降低起到引领作用。在国家节能减排政策导向，行业先进引领，社会舆论推动下，汽车行业的节能减排取得了较显著的成效，对制造业绿色发展具有重要意义。

2.2 汽车产品生态性能日益提高

绿色理念已成为汽车发展的新风尚。越来越多企业在产品设计研发、原材料生产、包装运输、产品生产制造、使用维护、回收利用及废料处理的全生命周期过程中，综合考虑对环境的影响，充分利用资源和节约资源，减少对环境的污染。企业通过开展有毒有害物质替代、推进易回收易拆解性设计、推行清洁生产、加强报废汽车回收利用、推广应用新能源汽车等方式，积极推动产品从“摇篮”到“坟墓”的全流程绿色化，并取得了显著的成果。统计数据显示，2016 年，M1 类汽车平均铅含量（不含蓄电池）削减幅度约为 106 g/ 车，共计减少用铅约 264 t。随着 2017 年在生产车开始符合管理规定，汽车工业铅削减量预计将达上千吨。同时，各项挥发性有害物质的达标率相比前两年均有所提升，整车达标率由 45% 上升至 67.3%，同比增长了 22.3%。

第 3 章
企业不断引入绿色技术，全链条绿色化率日益提高

3.1 加强源头生态设计，提升产品环保性能

汽车产品全生命周期内环境影响的 85% 取决于产品设计阶段，因此开展绿色设计是汽车行业的必然选择。所谓汽车产品绿色设计，是指在汽车设计研发阶段，应用生命周期评价方法综合分析汽车产品整个生命周期内的性能、成本和环境影响方面的表现，持续提升产品的生态性能，最终得到绿色汽车产品。我国汽车企业正逐步将生态设计理念导入汽车正向研发中，应用轻量化技术、新能源汽车技术、高效催化技术等绿色设计技术，提升产品环保性能，降低产品使用、回收阶段的污染。

3.2 注重清洁生产，打造绿色工厂

2016 年 9 月，工信部发布了《工业绿色发展规划（2016-2020 年）》，明确提出建设“用地集约化、生产洁净化、废物资源化、能源低碳化”的绿色工厂的目标，并计划到 2020 年，建成千家绿色示范工厂程。优先在钢铁、有色金属、化工、建材、机械、汽车、轻工、食品、纺织、医药、电子信息等重点行业选择一批工作基础好、代表性强的企业开展绿色工厂创建，通过采用绿色建筑技术建设改造厂房，预留可再生能源应用场所和设计负荷，合理布局厂区内能量流、物质流路径，推广绿色设计和绿色采购，开发生产绿色产品，采用先进适用的清洁生产工艺技术和高效末端治理装备，淘汰落后设备，建立资源回收循环利用机制，推动用能结构优化，实现工厂的绿色发展。

目前，汽车行业先进企业围绕绿色工厂已制定了自己的战略规划，通过绿色厂房建设及改造，发展绿色物流，优化用能结构，使用清洁能源，严控气液固三废的排放，采用先进的生产设备和环保措施，在绿色工厂建设方面初步取得了一定的进展。如能源管理系统的广泛应用、光伏发电项目的应用、先进涂装工艺技术应用以及 VOCs 排放处理技术等，部分企业在生产及生活废水已实现零排放水平，成了名副其实的“绿色工厂”。

3.3 强化全链条辐射效应，建设绿色供应链

《2016 年工业节能与综合利用工作要点》中第七条提到：打造绿色供应链。以汽车、电器电子等行业为重点，开展绿色供应链管理试点，探索建立以资源节约、环境友好为导向的采购、生产、营销、回收及物流体系。由此可见，推动汽车行业建立绿色供应链体系，强化全链条辐射效应，是实现我国汽车工业节能减排降本提质，进而带动整个工业领域绿色发展的重要手段。

目前，我国先进汽车企业积极布局建设绿色供应链，依托企业龙头地位，制定全链条绿色化战略：建立绿色供应链管理体系，从顶层设计角度明确管控思路；构建绿色供应商管理制度，与供应商协同互动拓展绿色升级维度；搭建专业化、共享化供应链物流团队，降低运输环节能源消耗与环境污染，提高物流效率；打通废旧产品在上下游生产企业、消费者、回收拆解企业之间的信息壁垒，实现绿色产品追溯与下游回收网络快速延伸；稳步铺开全生命周期环境信息平台，通过信息化手段实现上下游企业环境绩效的监督管理。汽车行业绿色供应链先进技术的应用能够大大推动工业绿色转型，助力中国制造实现绿色制造。

3.4 履行生产者责任义务，开展绿色回收

随着我国汽车保有量的快速增长，报废汽车回收利用以及环境污染问题引发社会关注。国内外实践经验表明，生产者责任延伸制度作为一项环境保护战略，在防治固体废物污染方面具有重要的促进作用，能够有力地促进报废汽车的规范回收和资源的综合利用，并有效降低环境污染。2015 年，我国印发《生态文明体制改革总体方案》，其中提出“实行生产者责任延伸制度，推动生产者落实废弃产品回收处理等责任”的要求；2016 年，印发了《生产者责任延伸制度推行方案》，率先对包括汽车在内的 4 类产品实施生产者责任延伸制度，推动汽车行业逐步开展报废汽车回收利用以及资源综合利用工作。

目前，汽车行业已开始针对 M_1 类汽车落实生产者责任要求，开展可回收性设计，通过发布《汽车拆解指导手册》向报废汽车回收拆解企业提供绿色拆解技术信息支持；同时，部分汽车企业也在规划从事报废汽车回收拆解业务，引进推动报废汽车的高效回收利用。随着新能源汽车产业的快速发展，部分新能源汽车企业已开始布局动力蓄电池的回收利用体系，与相关企业合作回收废旧动力蓄电池，探索废旧动力蓄电池梯级利用和再生利用关键技术，保障新能源汽车全生命周期内的环境、资源效益最大化。

第 4 章
市场消费模式悄然转变，绿色汽车备受青睐

近年来，随着绿色汽车示范运营工作的开展、国家补贴税收优惠政策的实施、充电配套设施的建设完善，中国新能源汽车产业规模不断扩大，较为成熟的新能源汽车产品陆续上市。根据汽车零售数据统计，2016 年，中国全年累计销售新能源汽车 48.4 万辆，其中，纯电动车型销量 39.2 万辆，插电式混合动力车型销量 9.2 万辆，燃料电池车型销量 37 辆。中国已成为全球最大的新能源汽车增量市场。在 2020 年全国新能源汽车将达 500 万辆保有量的政策目标的预期之下，新能源汽车将进一步发力，引领绿色消费。

节能汽车也越来越受到消费者关注，为拉动小排量节能汽车市场消费，我国政府在消费者购置环节做减法，针对节能汽车予以减征购置税的政策。2015 年 9 月，财政部、国家税务总局发布《关于减征 1.6 升及以下排量乘用车车辆购置税的通知》，对购置 1.6 L 及以下排量乘用车减按 5% 的税率征收车辆购置税。政策实施后，1.6 L 及以下排量乘用车市场迅速增长，2016 年总产量达到 1 720.42 万辆，市场份额也增长至 71.3%，较 2015 年增长 7.2 个百分点。此外，我国政府还对部分节能车型实施车船税减征政策，虽然车辆应缴的车船税金额占整车购置成本比例很小，但对汽车绿色消费文化起到了良好的引导作用。与此同时， 2016 年国内混合动力汽车（不含插电式混合动力）市场也呈现爆发式增长，产销规模首次突破 10 万辆，消费者购车时越来越重视汽车的环保性能。

2017
汽车行业
绿色发展报告
AUTOMOTIVE INDUSTRY GREEN DEVELOPMENT REPORT

专题篇

第 5 章 汽车绿色设计发展现状

5.1 汽车有害物质和可回收利用率发展现状

5.1.1 我国汽车有害物质和可回收利用率政策发展现状

1.《汽车有害物质和可回收利用率管理要求》解读

工信部于 2015 年发布了《汽车有害物质和可回收利用率管理要求》(以下简称《管理要求》)，明确自 2016 年 1 月 1 日起，对总座位数不超过 9 座的载客车辆（M_1 类）有害物质使用和可回收利用率（ELV）实施管理。《管理要求》分别从源头控制、后端引导以及具体措施 3 个层面对整车企业、零部件企业和原材料企业提出了相应要求。

首先，《管理要求》明确汽车企业作为汽车产品污染控制的责任主体，要履行生产者责任延伸制度，从设计和生产源头加强管控，积极开展生态设计和加强绿色供应链管理，实施清洁生产；其次，明确各级零部件供应商责任，要求准确真实提供相关产品的材料和有害物质使用信息，这是保证实施管控效果的重要前提；再次，将 M_1 类汽车新产品有害物质和可回收利用率计算要求纳入《道路机动车辆生产企业及产品公告》管理，明确《管理要求》的执行措施，要求汽车企业申请《公告》新产品时报送《汽车有害物质信息表》；同时，汽车企业有责任在新产品获得《公告》6 个月内，及时通过适当的途径和方式向回收拆解企业提供《汽车拆解指导手册》（以下简称《手册》）；最后，为落实国家要求加强“事中事后管理”的思路，工信部建立事后披露机制，向社会公开发布汽车行业绿色发展年度报告，总结有害物质和回收利用管理贯彻落实情况，分析汽车产品有害物质削减及回收利用管理效果，充分依靠市场和社会舆论等方式引导企业逐步加强汽车产品有害物质削减和提高可回收利用水平，完善事后监管能力。

截至 2016 年年底，工信部已公告发布 3 批《载客车辆（M_1 类）车型的国家标准 < 汽车禁用物质要求 > 符合性情况名单》，共涉及 383 个新车型和 51 个变更扩展车型。作为责任主体的汽车企业，应高度重视，长远规划，努力从以下几方面加强管控。

① 构建完善的管理体系，确保产品持续合规。建立有害物质和可回收利用率管理制度，明确各责任部门的工作内容和工作流程，在产品策划、设计开发、采购、生产、销售全过程加入有害物质管控要求，完善监视和测量措施，推动管理体系的持续改进，保证产品持续符合法规要求。

② 利用行业信息化平台，收集零部件材料数据。汽车零部件材料众多，且不同的目标市场可能存在不同的有害物质限制要求，如全部进行有害物质检测，成本昂贵，工作量巨大，而基于全产业供应链，依托行业信息化系统进行整车零部件材料数据收集，则可有效实现全面、准确、及时跟踪和分析整车有害物质使用情况和开展可回收利用率计算工作。

③ 落实责任延伸制度，发布《汽车拆解指导手册》。汽车企业在设计开发阶段注意收集整理相关数据信息以支持后期编制工作，通过平台统一向后端回收拆解企业提供技术支持，帮助和指导回收拆解企业高效、安全环保地完成拆解作业，提升回收拆解行业的环保水平和回收能力，彰显汽车生产企业的社会责任意识。

④ 加强全产业链密切合作，不断提升行业整体“绿色”水平。汽车生产企业应加强同零部件供应商的合作力度，促进开发回收利用性和环保性较好的新材料，加强对替代材料和再生材料技术的应用推广；同时，建立与回收拆解企业、资源再生企业的密切合作关系，共同开展车用材料的可回收利用性判定、再资源化技术、绿色拆解技术等，扩大回收材料的再生领域，提高再生产品质量，形成新的绿色竞争优势，促进汽车全产业链的绿色发展。

2.ELV 管理进阶研究

欧盟 ELV 指令（2000/53/EC）实施时，为了最大程度地促进报废汽车的有效回收、适当处理及高效利用，ELV 指令规定了一系列的管理措施，范围包括 M_1、N_1 类汽车以及除三轮摩托车之外的三轮机动车辆。因此，基于我国目前汽车产量及保有量发展趋势，并考虑与汽车工业发达地区 ELV 管理模式接轨，探索将产品类别实施范围扩展包括 N_1 类车型。

同时，为深化汽车产品 ELV 管理，持续提升汽车行业 ELV 管控技术水平，工信部于 2016 年组织研究汽车产品 ELV 一致性监督管理制度，并计划在 2018 年启动汽车产品 ELV 一致性抽查监督工作。汽车产品 ELV 一致性抽查监督范围为应符合《管理要求》规定的 M_1 类汽车新车型、在生产车型及企业，内容包括：核实企业申报资料的真实性、数据与产品的一致性以及产品的 ELV 标准符合性等内容。同时，将建立 ELV 一致性抽查信息公示机制。

5.1.2 我国汽车有害物质和可回收利用率标准发展现状

1.《道路车辆可再利用率和可回收利用率计算方法》解读

国家标准 GB/T 19515-2004《道路车辆可再利用性和可回收利用性计算方法》于 2004 年 5 月 17 日正式批准，2004 年 11 月 1 日正式实施。本标准为我国首次制定的关于车辆的可再利用性和可回收利用性的国家标准，等同采用了 ISO 22628:2002 “Road vehicle – Recyclability and recoverability – Calculation method” 的全部内容。该标准修订后更名为 GB/T 19515-2015《道路车辆可再利用率和可回收利用率计算方法》，已于 2015 年 12 月 1 日实施。

① 标准规定了计算新生产的道路车辆的 RRR 的方法及计算时各阶段应考虑的再利用和回收利用的零部件和材料。

② 在术语和定义中，标准明确给出了两个重要术语的概念和含义，包括车辆质量（Vehicle Mass）和已获验证的汽车材料再利用技术（Proven Technology of Automobile Material），标准明确提出符合要求的再利用技术是指目前已存在的达到批量生产规模的或试验室可行的汽车材料的回收利用技术。同时，在变量及其符号中给出了计算前所要确定的质量变量的表示符号和定义。

③ 组成车辆的材料被分为 7 类：金属；聚合物，不包括橡胶；橡胶；玻璃；液体；经过改良的有机天然材料（MONM），如皮革、木料、纸板和绵羊毛织物；其他不能进行详细分类的零部件和 / 或材料，例如化合物、电子部件、电器设备。材料的分类可以在确定每个阶段的质量时进行，计算按照预处理、拆解、金属分离及非金属残余物的处理共 4 个阶段进行。

根据标准给出的公式，利用通过上述 4 个阶段得到的数据，可以计算出车辆的 RRR 值，标准给出了整个计算过程中记录数据的表格，并以图示的形式对计算方法进行了说明。

2.《汽车禁用物质要求》修订进展情况

2008 年 4 月，全国汽车标准化技术委员会组织成立了“禁限用物质控制”标准研究制定小组。2014 年 2 月 19 日，GB/T 30512-2014《汽车禁用物质要求》正式发布。标准旨在使国内汽车生产企业和汽车进口代理商在汽车产品的研发、生产、进口、销售等环节禁止使用铅、汞、镉、六价铬、多溴联苯和多溴联苯醚。标准中技术条款和要求与国际通行的技术法规尽量保持一致，充分考虑了我国经济发展水平和汽车产业的生产水平、技术能力和产品现状。

目前，全国汽车标准化技术委员会正在推动该标准的修订，并已经组成专家组开始前期的预研工作。根据行业及专家组的初步意见，该标准修订预计将主要集中在以下方面。

① 将由国家推荐性标准调整为国家强制标准。

② 明确标准的适用车辆范围。在参考国外经验的基础上，考虑范围包括 M_1、N_1 类汽车，并进一步研究其他类型机动车纳入管理的可行性。

③ 扩大管控有害物质范围。研究将石棉、多环芳烃（PAHs）、偶氮染料及氟利昂纳入管控的可行性。同时，专家组也针对石棉、多环芳烃以及偶氮染料的检测方法标准开展了研究。

④ 调整豁免清单，专家组将持续跟踪并对欧盟 ELV 指令的豁免清单修订情况进行深入研究，推动国内汽车行业有害物质控制水平与国外先进水平同步。

5.1.3 国外汽车有害物质和可回收利用率政策现状

1. 欧盟 ELV 政策发展现状

欧盟于 2000 年发布 ELV 指令（2000/53/EC），对汽车有害物质、RRR、材料标识、拆解手册、实际再利用率和回收利用率等方面提出相关管理要求。针对 ELV 指令，欧盟后续又颁布了一系列的修订指令，包括对于 2000/53/EC 附录 II 的豁免清单进行了 7 次修订，以及针对 ELV 指令中所提出的零部件和材料标识、RRR 目标监管细则等的补充修订。ELV 指令的最新修订为 2016 发布的 2016/774/EU 指令，对 ELV 指令附录 II 进行了修订。

ELV 指令适用于 M_1 类和 N_1 类车辆、除三轮摩托车之外的三轮机动车辆及其部件和材料，主要包括如下主要内容：要求各成员国制定并实施相应的技术法规和标准；建立报废汽车登记注销证明系统，确保报废汽车只在已获授权的拆解机构被处理；提高报废汽车处理时的环境标准，规范降污处理工序，防止造成二次污染；采取切实可行的措施，保证报废汽车回收利用目标的实现；要求汽车制造商在设计和制造时考虑产品的回收利用问题；禁止使用重金属铅、汞、镉和六价铬，减少汽车报废时的污染物排放量，同时规定报废车辆实际回收利用率和再利用率的阶段性目标。在回收利用率方面，ELV 指令规定 2015 年 1 月 1 日之前，所有报废车辆平均每年的回收利用率不得低于 95%，再利用率不得低于 85%。

为了有效落实 ELV 指令的管理要求，欧盟委员会在 2005 年正式发布 RRR 指令（2005/64/EC），将 ELV 指令中提出的有害物质、RRR 等管理要求纳入到欧盟整车型式认证中。欧盟对

RRR指令进行修订，于2009年发布了2009/1/EC指令，提出整车厂商应实现供应链上的责任传递，并基于全产业链收集材料数据信息。

2. 韩国 ELV 政策发展现状

韩国于 2007 年颁布《电子电器设备和车辆资源回收利用法案》，并于 2008 年 1 月 1 日起正式实施，该法案主要包括两部分内容，即电子电器设备的回收利用及车辆的回收利用，车辆主要针对 M_1、N_1 类。该法规中包括两方面的规定，即前端预防性规定和实际回收利用方面的规定，前端预防性规定目的是在产业链前端采取措施，从而预防环境污染，针对对象为汽车生产企业及进口企业。

在前端预防性规定中，主要包括以下 4 方面的要求。

① 要求限制使用有害物质。M_1、N_1 类车辆中铅、汞和六价铬的质量分数应低于 0.1%，镉的质量分数应低于 0.01%。

② 规定可回收利用率目标。要求到 2009 年 12 月 31 日，车辆的可回收利用率要达到 85% 以上，其中能量回收的部分不能超过 5%；从 2010 年 1 月 1 日开始，车辆的可回收利用率要达到 95% 以上，其中能量回收的部分不能超过 10%。

③ 要求进行可再利用性设计。生产企业应对产品进行可回收利用性设计，包括进行部件标识、设计更为易于分离和拆解的结构。并在产品的设计阶段进行产品自检，提高产品的可再利用性。

④ 要求提供汽车拆解技术信息。汽车生产企业应向拆解回收企业提供拆解技术信息，从而促进对报废汽车的有效回收利用。

3. 日本 ELV 政策发展现状

在有害物质削减方面，1997 年，经济产业省发布《报废汽车回收再利用规范》，指出要采取减少有害物质使用量的措施；1998 年，日本汽车工业协会（以下简称“JAMA”）发布《报废车辆回收再利用规范自主行动计划》，制定阶段性减少除蓄电池以外的铅使用量的目标，计划将其从 1996 年实际的 1 850 g/ 台减少到 2000 年底的 925 g 以下（削减至 1/2 以下），到 2005 年年底减少到 617 g 以下（削减至 1/3 以下）。

2002 年，JAMA 对铅、汞、六价铬、镉 4 种物质设定了自主开展的削减新目标。

① 2005 年 1 月起，除导航等液晶显示器、组合仪表、放电式灯、车内荧光灯外，禁止使用汞。

② 2006 年 1 月起，车辆中除蓄电池以外的铅使用量降至 1996 年目标的 1/10 以下（其中重型商用车仅需降至 1996 年实际铅使用量的 1/4 以下）。

② 2007 年 1 月起禁止使用镉。JAMA 对 4 种重金属的减量化管理对象并不局限于乘用车，还包括不在欧盟 ELV 指令范围内的重型商用车（卡车、大巴）、商用车的加载设备及摩托车。

④ 2008 年 1 月起禁止使用六价铬。

5.1.4 国外汽车有害物质和可回收利用率标准规范发展现状

ISO 22628-2002 “Road vehicles – Recyclability and recoverability – Calculation method” 发布于 2002 年。由于报废汽车对废物总处置量的影响，该标准提出在车辆设计开发阶段考虑回收利用问题以确保环保处置。标准中设定的计算方法主要基于报废汽车处理的 4 个阶段，车辆的可再利用率和可回收利用率取决于车辆的设计、材料特性和已获验证的再利用技术——该技术至少应该在试验室规模范围内得到测试验证。标准明确该计算方法不适用于车辆报废后的计算。

标准规定了用于计算新生产的道路车辆 RRR 的方法，并用占车辆质量的百分比(质量百分数）表示，车辆应可以被再利用和 / 或再使用（可再利用率），或回收利用和 / 或再使用（可回收利用率）。同时，要求计算在新车投放市场时由车辆制造商完成。此外，标准明确了定义、计算方法以及附录。

ISO 11469-2000 “Plastics – generic identification and marking of plastics products” 发布于 2000 年。该标准规定了统一的塑料材料标记系统。标记的详细内容，例如标记项目的最小尺寸、字体的大小、合适的位置等。标记系统专门用于帮助确认塑料制品的后续处理，包括废物回收和处置。塑料采用 ISO1043 标准 1~4 给出的符号和缩略语，如果需要更多的材料识别的详细信息，可以应用其他塑料制品的标志中定义的相应产品标准。

5.1.5 2016 年我国汽车产品有害物质和可回收利用率行业发展现状

5.1.5.1 汽车行业有害物质管理制度建设情况

随着我国 ELV 管理实施，汽车企业纷纷开展有害物质管理制度建设，编制发布相应的管理文件，构建完善的 ELV 管理体系。目前，汽车 ELV 公告管理，针对管理保障措施要求基于 6 个主要项目指标进行评价，包括管理体系、标准体系、供应链管理、数据管理、材料标识管理及拆解技术支持，如图 5-1 所示。

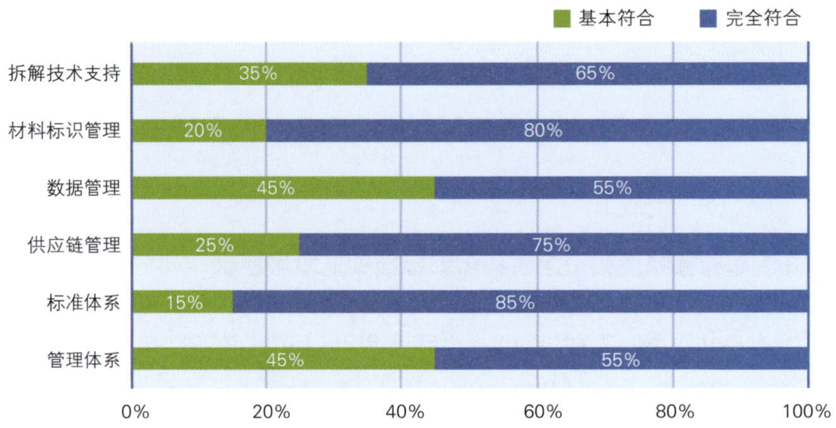

（数据来源：中国汽车技术研究中心数据资源中心）

图 5-1　行业 ELV 管理保障体系建设情况分析

2016 年，各企业在 ELV 管理方面基本能符合管理要求，但是水平参差不齐，主要表现在管理体系不够细致、工作不深入、存在管理失效的隐患。具体分析如下。

① 管理体系方面：约 55% 的企业已建立完全符合管理要求的 ELV 管理体系，但是有 45% 的企业则是基本符合。从目前来看，大部分企业的问题在于监视和测量手段不完善、可回收性设计能力不足、采购及供应商管理尚不深入以及管理体系运行监督机制缺乏。

② 标准体系方面：约 85% 的企业在标准体系建设方面能够完全符合管理要求，但是也存在一些问题，包括：忽略了有害物质检测标准、部分机械引用国外的标准以及缺乏支持可回收性设计的相关标准等。

③ 供应链管理：75% 的企业均能完整提供相应的佐证材料，但是部分企业也存在佐证材料不全面、描述不准确等问题，可能会导致供应链信息传递不准确，供应商执行理解有误等情况的出现。

④ 数据管理：55% 的企业在此方面能够完全符合要求，45% 的企业基本符合要求，主要问题在于部分企业对于数据采集、管理、验证、分析及计算缺乏严谨的过程管控，对工作流程说明过于简化。

⑤ 材料标识管理：针对零部件材料标识，80% 的企业均能落实标准要求，在研发阶段传递标准要求并对样件的材料标识进行验证检查。20% 的基本符合企业主要表现在批量生产后的材料标识一致性检查工作缺失，或者未将材料标识验证作为 PPAP 的考虑因素。

⑥ 拆解技术支持：65% 的企业能够完全符合拆解技术支持的要求，有明确的《手册》的编制过程、工作程序、部门分工、数据要求以及发布渠道，35% 基本符合的企业问题主要是工作程序以及数据要求不具体，且发布渠道不明确。

5.1.5.2 汽车产品有害物质含量整体水平

1. 行业整车有害物质含量平均水平

随着无铅焊料、水性无铬锌铝涂层以及发光二极管（LED）等环保技术的推广应用，除铅以外的其他限用有害物质在汽车中已基本无使用，极大削减了汽车工业的环境负荷。因此，本部分重点分析整车含铅水平。

（1）整车铅含量水平

通过对近 600 款代表车型进行整车铅含量统计分析，行业整车铅含量基本控制在 77.7~26 324.1 g 之间。除极少数车型外，绝大部分车型铅含量均在 12 000 g 左右小幅波动，如图 5-2 所示。

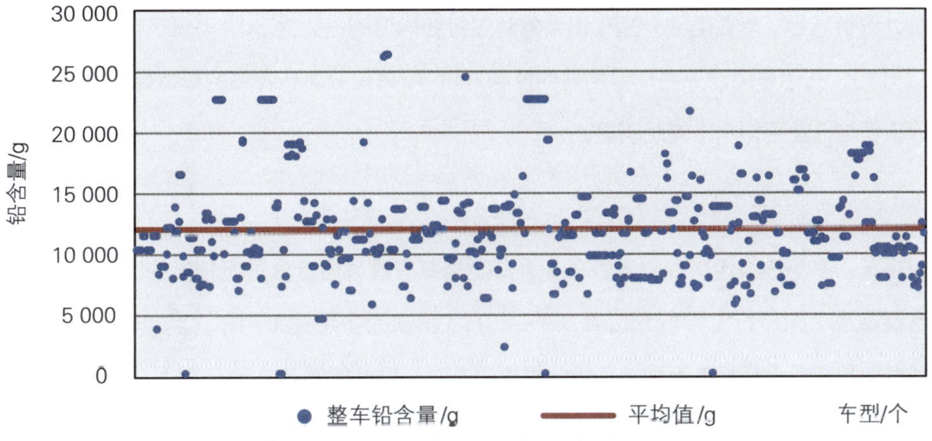

（数据来源：中国汽车技术研究中心数据资源中心）

图 5-2 整车铅含量分析

从样本车型在均值范围上下分布情况分析，超过平均水平的车型占比为 42%，低于平均水平的车型占比为 58%。由此可见，大部分车型铅含量低于行业均值，比铅含量高于行业均值的车型占比高约 16%，总体上分布较为均衡。

通过对除蓄电池外的整车铅含量进行了统计分析可知，不考虑蓄电池情况整车平均铅含量大幅降低，行业整体水平控制在 30.7~760.7 g 范围内。通过与整车含铅量相比，整车有害物质中铅含量的来源主要为蓄电池。但是，统计数据显示，不同车型在符合标准的前提下，铅含量最高值与最低值相差约 25 倍，差异十分明显。具体如图 5-3 所示。

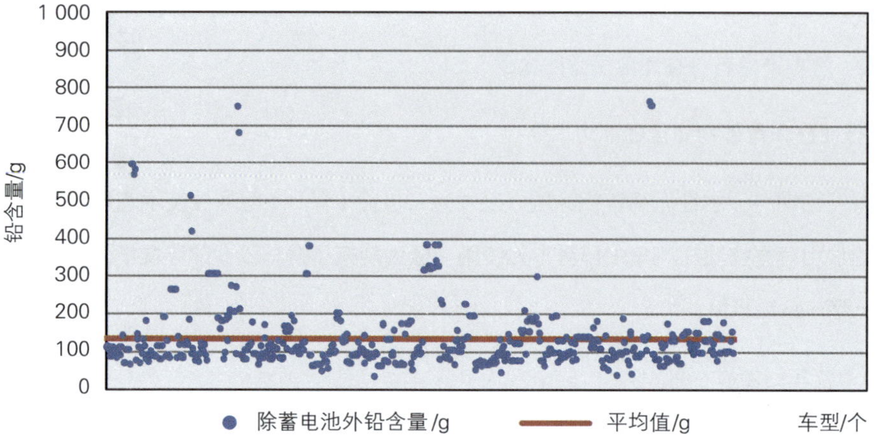

（数据来源：中国汽车技术研究中心数据资源中心）

图 5-3　除蓄电池外整车铅含量分析

统计分析显示，除蓄电池外整车铅含量超过行业均值的占比为 30%，低于行业均值的占比为 70%。总体上，在除蓄电池外整车铅含量的控制方面，仅有三分之一左右的车型高于行业平均水平，这部分车型与行业平均水平差距明显。

（2）不同车型有害物质含量对比

对轿车、多用途乘用车以及越野车 3 种车型整车有害物质含量进行分类统计分析：轿车的整车铅含量最高，超过行业平均含铅量 3.4% 左右；其次为多用途乘用车、越野车。总体来看，3 种类型汽车整车铅含量基本都维持在行业平均值左右。具体如图 5-4 所示。

3 种车型除去蓄电池后，整车的铅含量大幅降低，水平基本相当，但是轿车铅含量保持最高位置，如图 5-5 所示。

（3）不同车系有害物质含量对比

将车型按照自主品牌、德系、日系、美系、法系、韩系以及其他合资品牌进行细分，可见自主品牌的车型铅含量最低，且低于行业平均水平。由于自主品牌与合资品牌在目标市场以及车型配置等方面均有一定差异，由此数据尚不能得出自主品牌铅控制水平高于合资品牌的结论，但是自主品牌与合资品牌在技术上无差距。具体如图 5-6 所示。

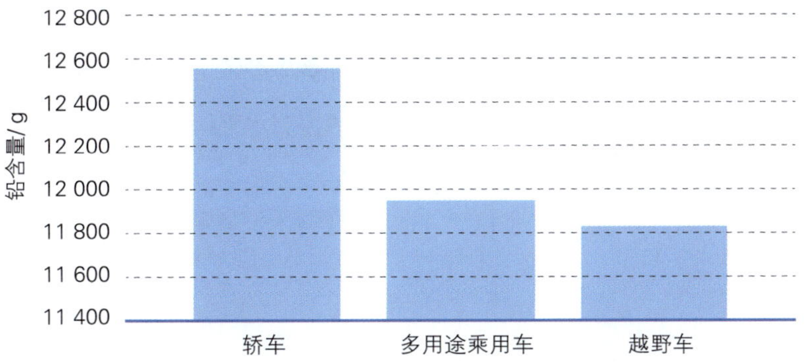

（数据来源：中国汽车技术研究中心数据资源中心）

图 5-4 不同汽车类型整车铅含量分析

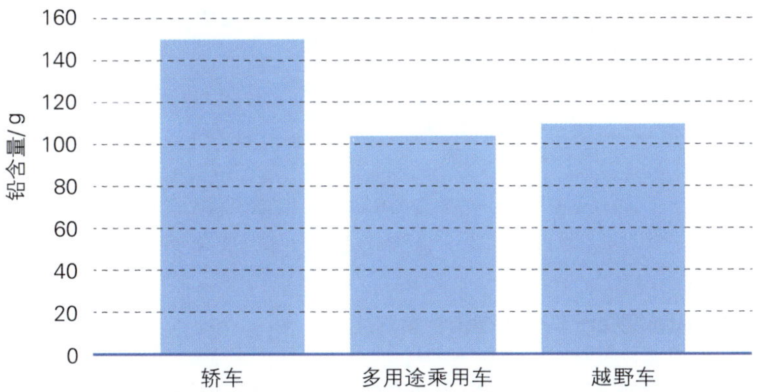

（数据来源：中国汽车技术研究中心数据资源中心）

图 5-5 不同汽车类型除蓄电池外整车铅含量分析

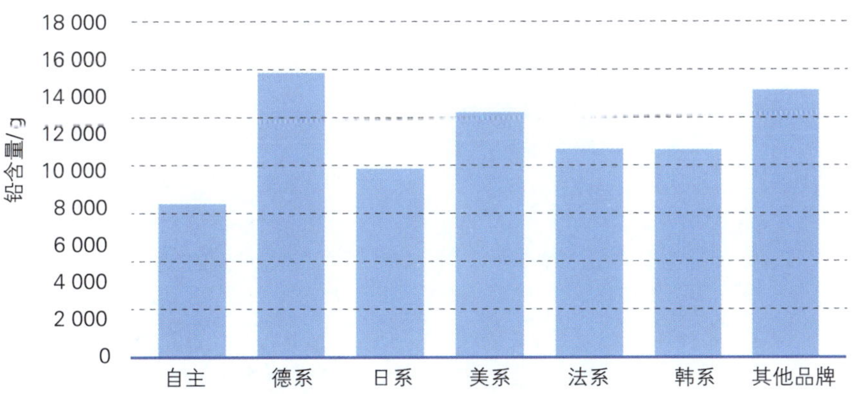

（数据来源：中国汽车技术研究中心数据资源中心）

图 5-6 不同车系整车铅含量分析

对 7 个不同车系汽车除蓄电池外铅含量进行统计分析：其他品牌汽车含量为最高，超过行业平均水平 61.7% 左右；法系、韩系和国内自主品牌车型铅含量均低于行业平均水平，其中法系车型最低。整体来看，国内自主品牌铅含量的控制水平处于中等行列。具体如图 5-7 所示。

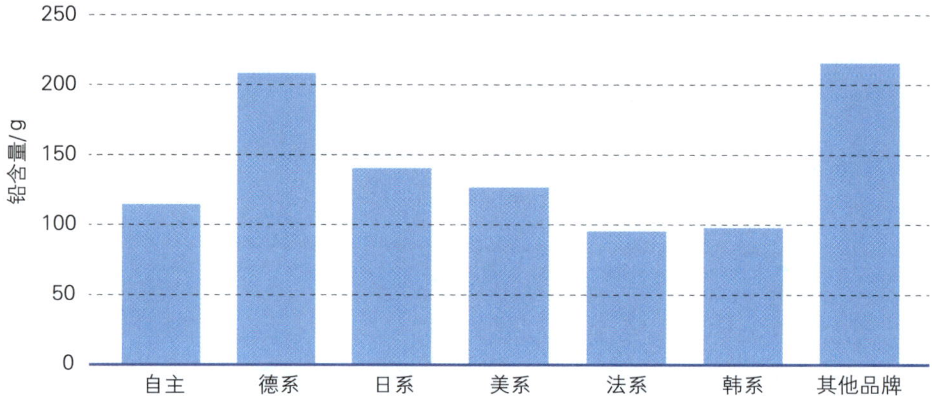

（数据来源：中国汽车技术研究中心数据资源中心）

图 5-7　不同车系除蓄电池外整车铅含量分析

（4）传统汽车和新能源汽车有害物质含量对比

新能源汽车与传统汽车在有害物质应用方面也存在着一定的区别，对比分析传统汽车和新能源汽车铅含量的差距，具体结果如图 5-8 所示。

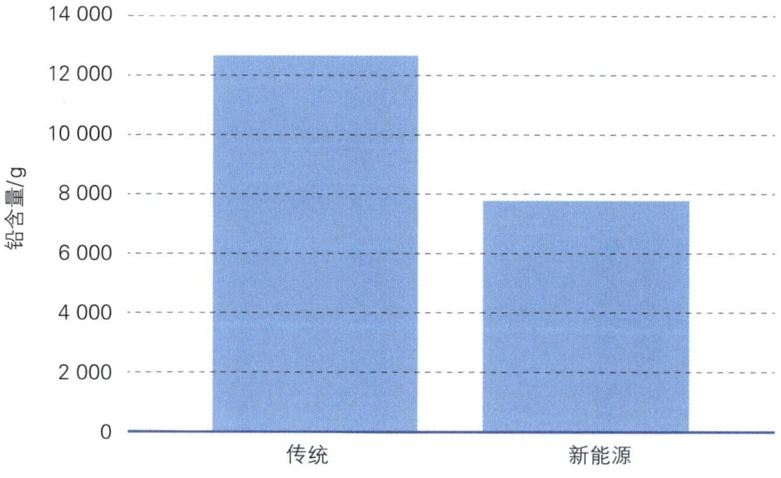

（数据来源：中国汽车技术研究中心数据资源中心）

图 5-8　传统汽车和新能源汽车整车铅含量分析

目前整车铅含量平均水平，传统汽车与新能源汽车两者相差 5 333.5 g，传统汽车整车铅含量明显高于新能源汽车。具体如图 5-9 所示。

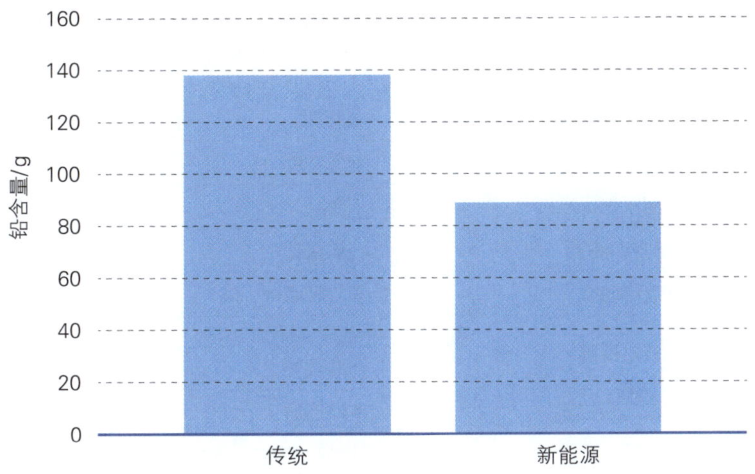

（数据来源：中国汽车技术研究中心数据资源中心）

图 5-9　传统汽车和新能源汽车除蓄电池外整车铅含量分析

除蓄电池外，传统汽车和新能源汽车铅含量虽然均明显降低，但是传统汽车整车铅含量仍旧高于新能源汽车，两者相差 49.8 g，差距也比较明显。可以看出，无论是传统汽车还是新能源汽车，蓄电池仍为整车铅含量的最大来源。

2. 高风险零部件有害物质含量及分布情况

（1）高风险零部件有害物质分布情况

《管理要求》已于 2016 年 1 月 1 日正式实施，作为管理实施重要措施之一，管理技术支持机构要求申报企业提供 26 个高风险零部件的材料数据表单（MDS），以核实企业申报车型有害物质的标准符合性。

通过对多个传统汽车代表车型高风险零部件 MDS 进行有害物质统计，得到行业内 6 种有害物质在高风险零部件中的存在及削减水平。

① 26 种高风险零部件中，含铅零部件为 16 个，高风险材料有金属铅、合金元素、有机材料添加剂、电子材料、玻璃和陶瓷材料组分等，具体见表 5-1 所列。

表 5-1　高风险零部件中铅的分布情况

序号	高风险零部件	含铅位置	含铅材料
1	汽油发动机火花塞	电极铜芯	铜合金
2	发动机舱内燃油供油管	镀锌层	镀锌层
3	发动机主线束	端子、电线铜芯	铜合金
4	发动机缸盖密封垫	圆护圈	铜合金
5	发动机减震块	金属本体	铝合金
6	变速器用紧固标准件	电镀锌	镀锌层
7	左前制动油管	制动直管	锌合金
8	轮速传感器	端子、触点等	铜合金，镀锡层
9	左外后视镜	端子、压敏电阻、焊料、轴套、起落架等	铜合金、焊料、易切削钢、锌合金、铝合金
10	左前车门限位器	本体镀层	电镀锌层
11	左前门内饰板	电容元件、焊料、线缆、连接器等	陶瓷、铜合金、焊料
12	左前车门锁	闭锁器中的蜗杆、齿轮、插脚、轴承、换向器、焊锡等	铜合金、焊料、镀锡层
13	驾驶员座椅靠背骨架	集中在电动靠背骨架电机中	—
14	驾驶员侧安全带卡扣	滑块	—
15	驾驶员侧安全带卷收器	旋转轴、卷轴、连接销等	—
16	左遮阳板	灯座、开关面板、螺杆等	—

② 26 种高风险零部件中，含镉零部件为 13 个，高风险材料有镀层、铜合金、铝合金以及焊料等。具体见表 5-2 所列。

表 5-2　高风险零部件中镉的分布情况

序号	高风险零部件	含镉位置	含镉材料
1	汽油发动机火花塞	电极铜芯	铜合金
2	发动机舱内燃油供油管	镀锌层	镀锌层
3	发动机主线束	端子、电线铜芯	铜合金
4	左前制动油管	制动直管	锌合金
5	轮速传感器	端子	铜合金
6	左外后视镜	换向器、焊料	铜合金、焊料
7	左前车门限位器	本体镀层	电镀锌层
8	左前门内饰板	线缆	铜合金
9	左前车门锁	焊锡	焊料（Sn-Cu）

（续表）

序号	高风险零部件	含镉位置	含镉材料
10	驾驶员座椅靠背骨架	集中在电动靠背骨架电机中	铜合金、镀锡层、焊料
11	驾驶员侧安全带卡扣	滑块	铝合金
12	驾驶员侧安全带卷收器	旋转轴、卷轴、连接销等	易切削钢、铝合金
13	左遮阳板	螺杆	电镀锌层
14	驾驶员侧安全带卡扣	滑块	—
15	驾驶员侧安全带卷收器	旋转轴、卷轴、连接销等	—
16	左遮阳板	灯座、开关面板、螺杆等	—

③ 26 种高风险零部件中，含六价铬的零部件为 5 个，高风险材料有镀层以及镀锌钝化层等。具体见表 5-3 所列。

表 5-3　高风险零部件中六价铬的分布情况

序号	高风险零部件	含镉位置	含镉材料
1	发动机用紧固标准件	表面镀锌层	表面镀锌层
2	变速器用紧固标准件	表面镀锌层	表面镀锌层
3	轮速传感器	支架	电镀锌层
4	左外后视镜	相机组件—螺母	镀锌钝化层
5	左前车门限位器	左前车门限位器	本体镀层

④ 26 种高风险零部件中，含汞的零部件仅有 1 个，为发动机主线束。

总体上看，目前高风险零部件中含铅零部件为 16 个，含镉零部件为 13 个，含六价铬零部件为 5 个，而不含有害物质零部件共 9 个。此外，在所有高风险零部件中未发现 PBBs 及 PBDEs 两种有害物质存在。具体见表 5-4 所列。

表 5-4　不含有害物质零部件

序号	零部件通用名称	序号	零部件通用名称
1	排气歧管密封垫	6	左前大灯线束绝缘线皮
2	变速器左侧半轴油封	7	前风窗玻璃密封胶
3	动力转向回油软管	8	左前车门密封胶条
4	左前轮罩	9	左前门内把手罩盖
5	左前大灯线束套管	—	—

（2）高风险零部件有害物质风险系数评估

根据有害物质在高风险零部件中的分布位置以及超标情况，对高风险零部件有害物质进行风险系数评估，有 6 个零部件有害物质风险系数较高，风险较大，分别为发动机主线束、轮速传感器、左外后视镜、左前车门锁、驾驶员侧安全带卡扣以及驾驶员侧安全带卷收器。其中，发动机主线束铅含量风险系数达 81.4%；轮速传感器铅含量和镉含量风险系数分别为 70.8%、52.1%；左外后视镜铅含量风险系数为 85.4%；左前门车锁铅、镉含量风险系数最大分别达 100%、93.8%；驾驶员侧安全带卡扣铅含量风险系数为 52.1%；驾驶员侧安全带卷收器铅、镉含量风险系数分别为 87.5%、58.3%。具体如图 5-10 所示。

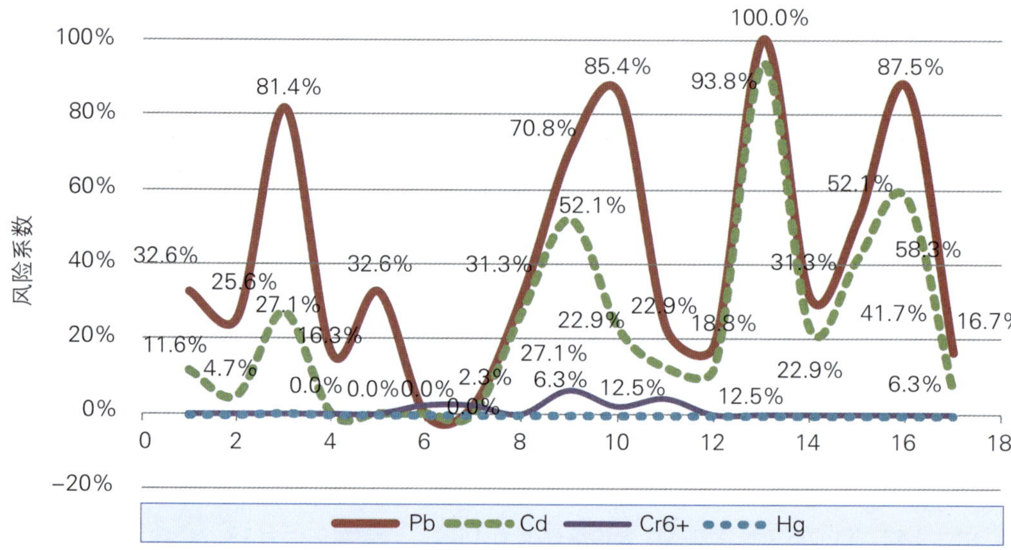

（数据来源：中国汽车技术研究中心数据资源中心）

图 5-10 高风险零部件有害物质风险系数

3. 主要车用材料有害物质含量统计

根据中国当前汽车产品技术及使用材料的现状，GB/T 30512 规定了对铅豁免的要求，具体豁免汽车零部件和材料、范围及豁免期限。截至 2016 年年底，GB/T 30512 针对铅的多个豁免材料及零部件均已到期，目前的豁免材料主要包括钢材、铝材、铜合金、焊料以及电气元件。根据 2016 年 ELV 管理情况，目前在 5 种不同的豁免材料中，铝材中含铅量最高，平均单车含铅量达 61.7 g；其次为焊料及铜合金，单车含铅量分别为 20.4 g、20.3 g；电气元件单车含铅量约为 11.9 g；钢材中含铅最低，单车含铅量仅为 5.1 g。具体如图 5-11 所示。

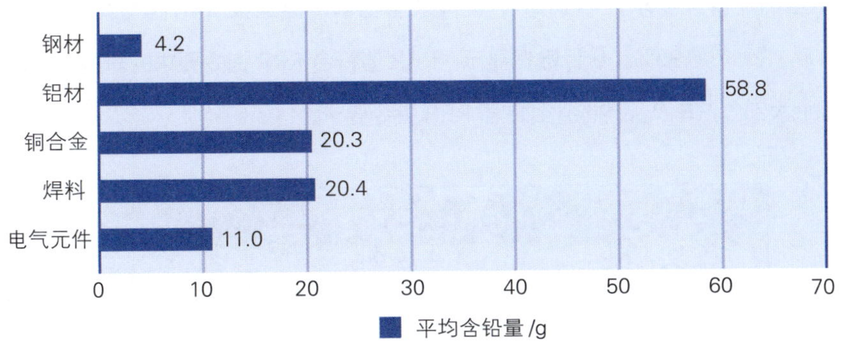

（数据来源：中国汽车技术研究中心数据资源中心）

图 5-11　主要车用材料单车铅含量分析

5.1.5.3　汽车行业可再利用率和可回收利用率现状

随着国家相关管理以及绿色产品认证的关注，汽车企业逐渐意识到汽车 RRR 的重要性，开始从汽车全生命周期考虑汽车可回收性问题，采取了多项措施，如优先采用易拆解性连接方式、绿色环保材料以及制造工艺等，逐步提高产品的 RRR 水平。目前，数据显示我国汽车行业的 M_1 类汽车车型满足 RRR 指令要求已达 91.6%。

1. 行业 RRR 水平对比

（1）行业 RRR 平均水平

根据数据分析，目前汽车行业在可再利用率（Rcyc）方面，大部分车型 Rcyc 值浮动于 85%~95% 范围内；可回收利用率（Rcov）方面，大部分车型浮动于 90%~99% 范围内，仅有部分车型 Rcov 值在此范围之外。具体如图 5-12 和图 5-13 所示。

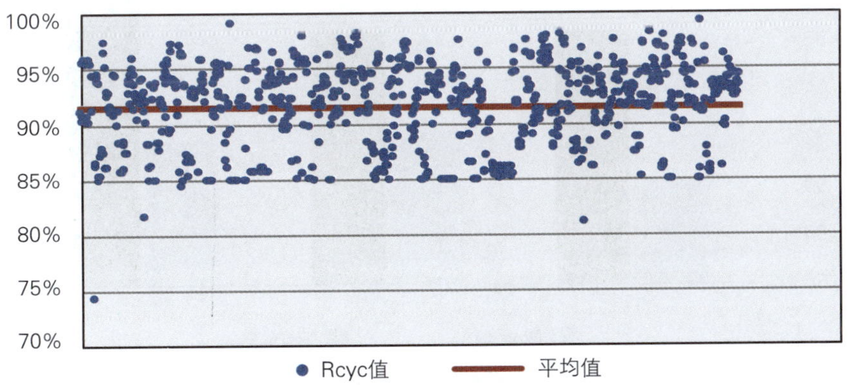

（数据来源：中国汽车技术研究中心数据资源中心）

图 5-12　行业可再利用率水平分析

目前，虽然《管理要求》中未对 RRR 有限值要求，但欧盟 RRR 指令中有明确的规定：Rcyc ≥ 85%，Rcov ≥ 95%。统计数据显示，RRR 值符合 RRR 指令要求的车型占比为 91.6%，即目前我国绝大部分汽车产品均能达到欧盟 RRR 指令要求。

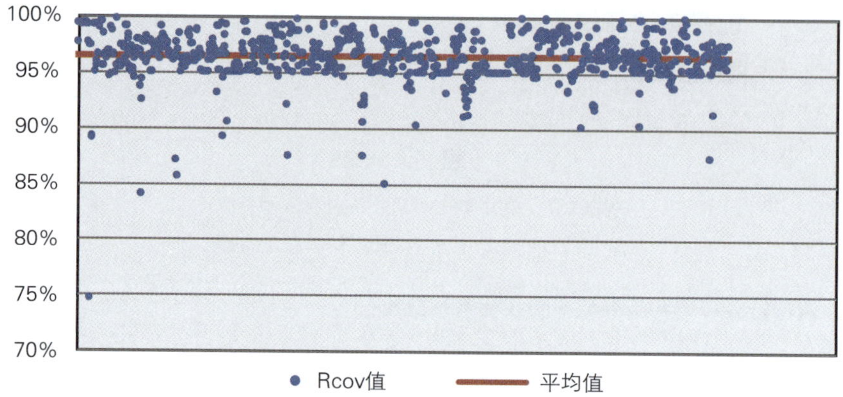

（数据来源：中国汽车技术研究中心数据资源中心）

图 5-13　行业可回收利用率水平分析

（2）不同车型汽车 RRR 水平对比

对轿车、多用途乘用车以及越野车 3 种车型的 RRR 水平对比分析显示，目前越野车的 Rcyc 最高，为 93.6%；轿车 Rcyc 值最低，约为 90.4%，略低于行业平均水平。越野车的 Rcov 最高，为 98.5%；其次为轿车及多用途乘用车 Rcov 值，均约为 96.3%，其值与行业平均水平相当。具体如图 5-14 所示。

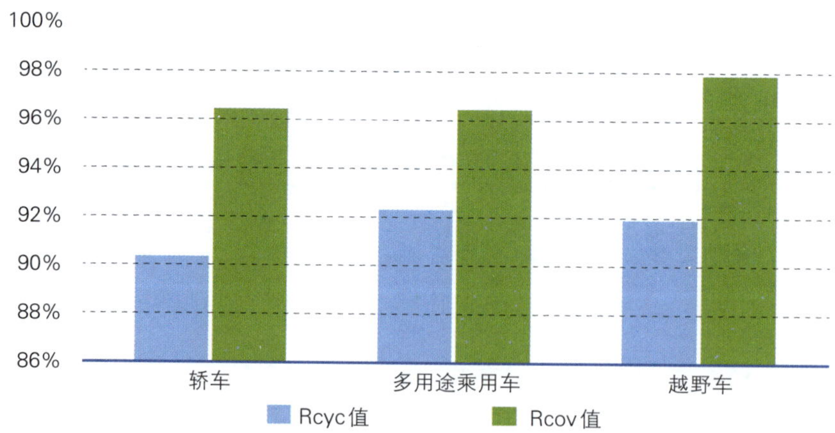

（数据来源：中国汽车技术研究中心数据资源中心）

图 5-14　不同车型 RRR 水平分析

（3）不同车系 RRR 水平对比

从 Rcyc 水平来看，自主品牌、日系以及美系均高于平均水平，自主品牌车型 Rcyc 值位于第三位，为 92.4%；而德系、法系及其他合资品牌则低于平均值。

从 Rcov 水平来看，多种品牌汽车 Rcov 值均略高于平均水平，美系汽车 Rcov 值水平最高，Rcov 值为 97.6%；其次为日系和其他品牌，汽车 Rcov 值水平相当；自主品牌汽车 Rcov 值处于中等水平，约为 96.5%。但是总体上各系在 Rcov 方面差距要小于 Rcyc。

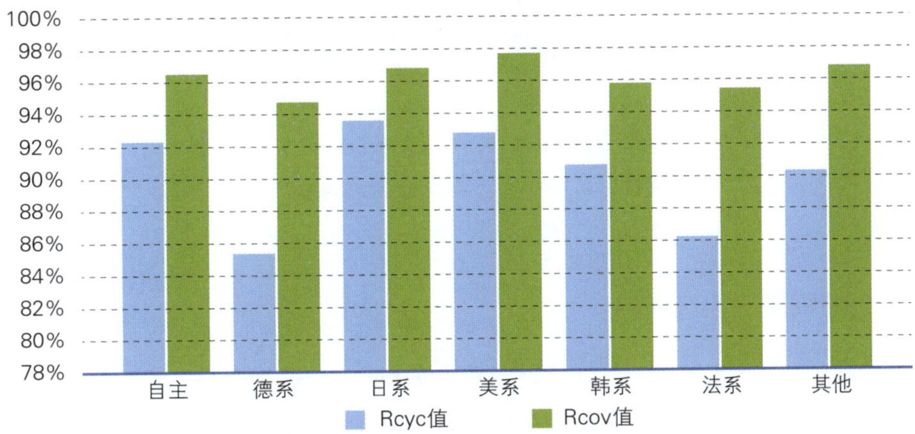

（数据来源：中国汽车技术研究中心数据资源中心）

图 5-15　不同车系 RRR 水平分析

整体来看，各系汽车的 Rcov 控制水平相对较均衡，均浮动在平均值上下，各系品牌汽车 RRR 值差距不大。

（4）传统汽车和新能源汽车 RRR 水平对比

统计数据显示，传统汽车以及新能源汽车的 RRR 水平较为接近，RRR 值都控制在行业平均水平左右，且差异不大。具体如图 5-16 所示。

2. 各回收阶段对 RRR 影响力

（1）预处理阶段对 RRR 影响力

在 RRR 计算中，预处理阶段（m_P）零部件材料均列入可回收利用，在 10 个样本车型中，预处理部分占比最低为 7.2%，最高为 28.1%。以上差异产生原因主要是新能源汽车动力蓄电池列入预处理环节，因而在整车质量中占据较大比例，而其他车型的预处理比例则多数在 7%~12% 范围内波动，变化不大。

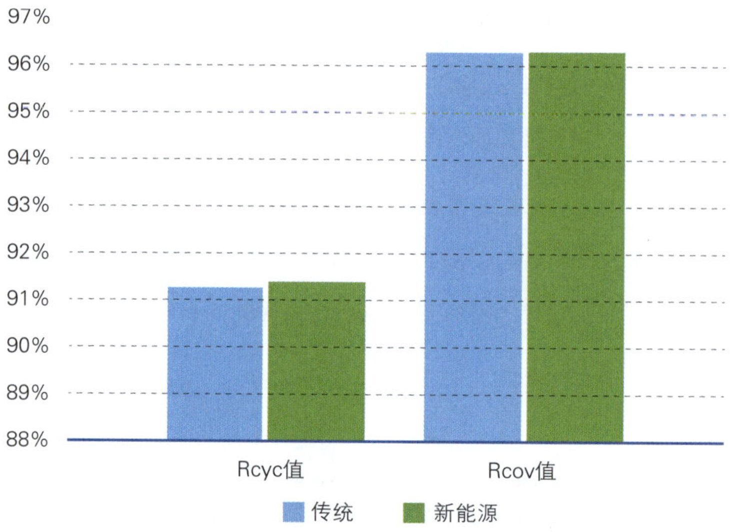

（数据来源：中国汽车技术研究中心数据资源中心）

图 5-16　传统和新能源汽车 RRR 水平分析

（2）拆解阶段对 RRR 影响力

拆解阶段（m_D）主要考虑车辆上其他一些可再使用或可再利用零部件，列入该阶段的零部件应易于拆解，且材料具备已获验证的再利用技术，针对 10 款样本车型的拆解阶段情况进行了统计。由于拆解阶段判定具有一定的自主性，各企业对于此阶段的理解也有所区别，因而各车型拆解阶段在 RRR 值中所占比例差异较大。

（3）金属分离阶段对 RRR 影响力

金属分离阶段（m_M）包括了预处理及拆解阶段未考虑的金属材料，而且金属材质的零部件均被认为是可再利用的。根据样本数据统计的金属分离阶段在 RRR 中的比例情况显示，最高的车型达到 76.20%，最低的车型则为 46.90%，除个别车型外，大部分车型金属分离阶段比例均在 60%~70% 范围内波动。

（4）非金属残余物处理阶段对 RRR 影响力

非金属残余物处理阶段包括可再利用材料（m_{Tr}）和可进行能量回收的材料（m_{Te}）两部分。非金属残余物中两部分的质量波动均比较大，其中可再利用材料在 RRR 中占比最低为 3.60%，最高为 14.0%，相差较大。出现以上差距原因在于非金属残余物若不列入可再利用部分，也可直接列入能量回收的材料部分，因此比例变化范围也比较大。

（5）各处理阶段对 RRR 影响力对比

在整车的 RRR 计算中，金属分离阶段对 RRR 的贡献率最大，最高可达 76%；其次是预处理部分，新能源汽车中占比最高为 28.10%，其他大部分稳定在 10% 左右。对 RRR 贡献最小的为拆解部分，最高值仅有 5.40%，其他均低于 5%。具体如图 5-17 所示。

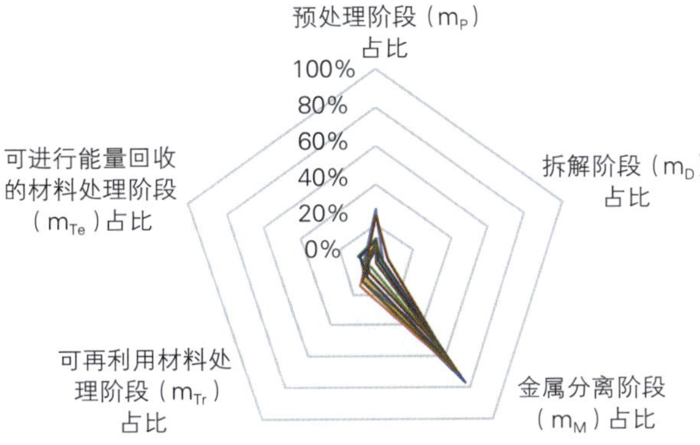

（数据来源：中国汽车技术研究中心数据资源中心）

图 5-17　各回收阶段对 RRR 贡献率分布

5.1.5.4 拆解指导手册发布情况

1.《拆解指导手册》发布情况

ELV 管理要求汽车企业在新产品获得《公告》6 个月内，应向回收拆解企业提供《手册》。截至 2016 年年底，共有 4 个批次《公告》车型的《手册》应予发布。对该 4 个批次《手册》发布情况进行核算，主要核算内容包括以下几个方面。

（1）《手册》发布渠道符合性

《手册》的发布渠道和途径应能保证回收拆解企业及时、便利、准确获取相应车型的《手册》。如图 5-18 所示，首次核算结果显示，发布渠道不符合企业的主要问题是《手册》发布渠道不具备向国内各回收拆解企业进行主动信息推送能力，或是发布途径过于复杂很难查阅等问题。相关企业经过整改后，基本能够满足要求。

（2）《手册》内容符合性

如图 5-19 所示，首次核算情况显示，不符合的原因主要有：《公告》车型信息与《手册》无法对应；《手册》部分内容缺失，未完全涵盖 GB/T 33460 标准所列内容；《手册》内容存在明显错误，或与车型实际情况不符等。相关企业经过整改后，基本能够满足要求。

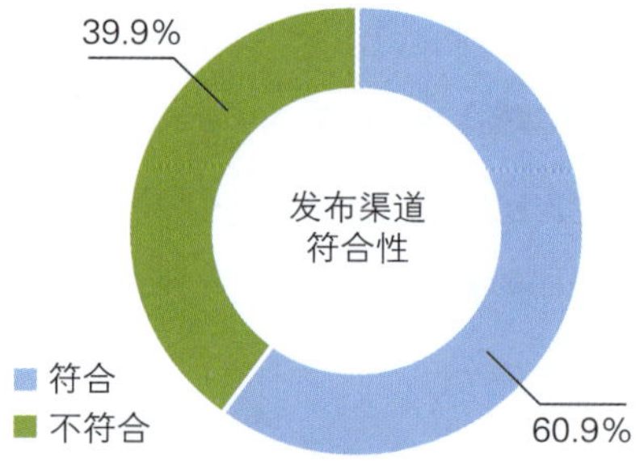

（数据来源：中国汽车技术研究中心数据资源中心）

图 5-18　首次核算《手册》发布渠道符合性

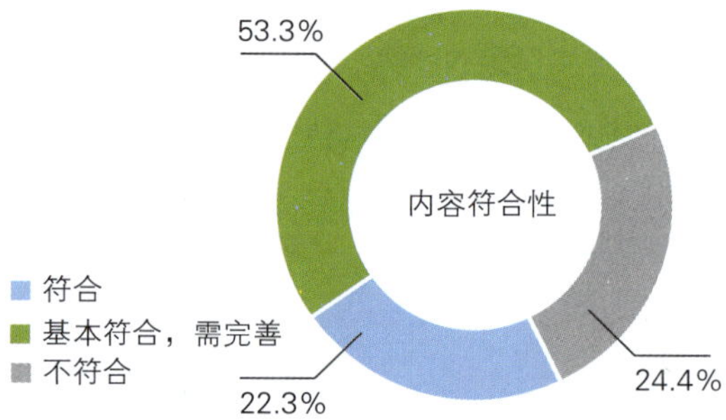

（数据来源：中国汽车技术研究中心数据资源中心）

图 5-19　首次核算《手册》编制内容符合性

（3）《手册》发布时间符合性

《管理要求》明确要求企业应在获得《公告》6 个月内发布《汽车拆解指导手册》。如图 5-20 所示，首次核查显示，部分企业发布时间不符合要求，未在获得《公告》6 个月内按时发布。相关企业经过整改后，基本能够保证发布时间。

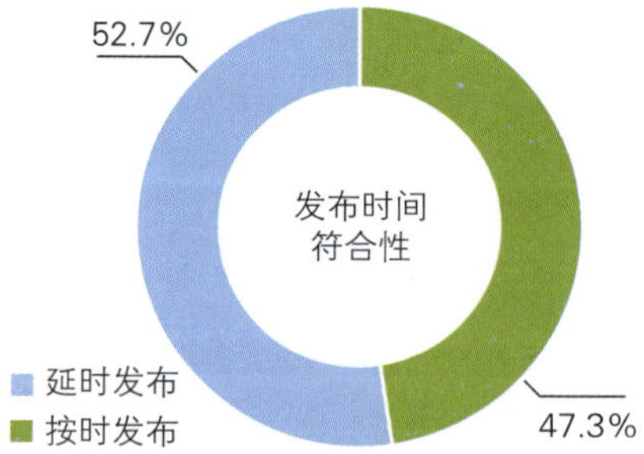

（数据来源：中国汽车技术研究中心数据资源中心）

图 5-20　首次核查《手册》发布时间符合性

2. 采用行业平台发布《汽车拆解手册》情况统计

中国汽车绿色拆解系统（CAGDS）是为协助汽车企业满足国家法规要求，落实生产者责任，面向报废汽车回收拆解企业提供技术支持和指导而建设信息化平台。CAGDS 于 2013 年 8 月 28 日正式上线。通过该平台，报废汽车回收拆解企业可查询到每一款车型的拆解流程、方法、工具和注意事项等信息，拆解技术水平可得到有效提升。该平台广泛使用有利于我国报废汽车回收拆解行业向着“精细、安全、环保、高效”的方向发展，不断提高拆解零部件和材料的资源综合利用水平。

截至 2016 年年底，国内 CAGDS 整车企业用户数达 70 余家，M_1 类整车生产企业覆盖率超过 75%，其中含 600 余款车型的汽车拆解指导手册。

5.1.6 有害物质替代和减量化技术

1. 铅替代技术

（1）无铅易切削黄铜

铜合金主要用于电气部件、导热部件以及一些精密部件，出于易加工性、耐磨性和高的表面质量要求，铜合金中往往会添加铅元素，汽车中常见的含铅铜合金主要有黄铜、铍青铜和锡青铜，其中铅黄铜应用最为广泛，其主要应用部件有传感器、螺栓螺母、端子、中冷器出气管、冷凝器出液管、后视镜和仪表板中的精密蜗杆、齿轮等部件。尤其是 HPb59-1 铅黄铜，具有优良的冷热加工性能、易切削性能和耐腐蚀性能，且价格低廉、应用成熟，在铅黄铜中生产和应用量最大，其含铅量为 0.8%~1.9%。目前含铅黄铜的替代材料主要是铋易切削黄铜，在汽车上已有应用实例，如传统气门嘴材料多为铅黄铜 HPb59-1，目前已有部分车型的气门嘴材料采用铋易切削黄铜，如 HBi59-1、HBi60-2 等，这两种材料的铅含量在 0.1% 以下，远低于铅黄铜的含铅量。

（2）PCB 无铅焊料

传统 PCB 焊料主要是锡—铅焊料，锡铅焊料具有较大的导电率、良好的附着力、抗再流焊和抗腐蚀能力，锡铅焊料在过去的应用中已被证实具有很高的可靠性，并且成本较低。目前，几乎所有的电路板生产线和焊接设备都是依据锡铅焊料的性质而设计的。但是，随着汽车产品的绿色化趋势，无铅焊料的研究和应用越来越得到行业的重视。

目前，在汽车电子产品中，无铅焊料主要是指以 Sn 为基体，添加 Cu、Ag、Zn、Bi、In 等元素形成的锡基焊料。从目前研究和产业化应用趋势看，具有较好前景的主要为 Sn-Ag、Sn-Cu、Sn-Zn 二元系合金以及 Sn-Ag-Cu 三元系合金或以此为基础的更多元合金焊料。其中考虑焊料的性能和成本因素，开发和应用较多的集中在 Sn-Ag-Cu 三元系合金，该合金具有优良的润湿性、力学性能、可靠性和钎焊工艺性能，尤其是抗拉强度和抗剪强度，甚至优于传统的 Sn37Pb 焊料，其缺点是熔点偏高，但可通过设备改造和调整工艺参数解决该问题。该合金是目前锡铅焊料的主要替代品之一。

电气元件封装用到的高温焊料通常为高铅焊料，如 95Pb-5Sn 和 95.5Pb-2Sn-2.5Ag 等，其含铅量均超过 85%。由于高温焊料对焊料在高温下的长期稳定性和可靠性要求较高，同时考虑成本问题，目前仍未有合适的无铅焊料替代品。虽然已开发的 Au-20Sn 焊料具有优良的物理性能，甚至部分性能优于高铅焊料，在早些时候便在电子元件封装上进行了使用，但是由于 Au 含量过高，导致成本高昂，限制了其产业化应用范围，高温焊料的发展趋势是开发更低成本的无铅高温焊料。

（3）含汞灯替代技术

汞主要用途为气体放电灯、荧光管、烟火起爆器、涂料和颜料等，目前 GB/T 30512 豁免项中涉及汞元素的有前照灯用放电灯和仪表板显示器荧光管。汽车前照灯主要有 3 种类型：卤素灯、氙气灯和 LED 灯。其中卤素灯和 LED 均不属于气体放电灯，不在豁免范畴内。氙气大灯分为有汞氙气灯和无汞氙气灯，有汞氙气灯主要有 D1R、D1S、D2R 和 D2S 系列；无汞氙气灯主要有 D3R、D3S、D4R 和 D4S 等系列。LED 作为照明光源早已在汽车上应用，但主要是用于信号灯和内部照明，近几年 LED 也开始用于汽车前大灯，相比氙气大灯，LED 具有更快的响应时间、更长的使用寿命、更低的能耗等多方面的优势。LED 用于近光灯已较为普遍，但作为远光灯，仍主要集中在一些中型车、豪华车型上，但随着 LED 成本的不断下降，其普及度必然会越来越广。

（4）无铅陶瓷基电气元件

陶瓷基电气元件是含铅风险非常高的一类部件，包括压电陶瓷、陶瓷基电阻、电容等部件。

传统压电陶瓷采用的是锆钛酸铅型（PZT），PZT 压电陶瓷具有居里温度高、压电性强、易掺杂改性、稳定性好等特点，在压电陶瓷领域一直占据主导地位。PZT 压电陶瓷是 $PbZrO_3$ 和 $PbTiO_3$ 的固溶体，是压电铁电陶瓷材料的代表，但是 PZT 压电陶瓷 Pb 含量高。目前无铅压电陶瓷的研发和应用主要集中在三大体系：铌酸钾钠基（KNN）、钛酸铋钠基（BNT）以及钛酸钡基（BT）。这些无铅压电陶瓷虽已开始商业化应用，但在压电性能和温度稳定性等方面仍与传统的 PZT 存在较大差距，因此限制了无铅压电陶瓷的应用。虽然无铅压电陶瓷材料研究取得了不少成果，但是在进一步提高无铅陶瓷的压电性能上遇见了瓶颈。目前，还没有一种无铅压电陶瓷能够真正全面替代锆钛酸铅型压电陶瓷的应用。

贴片电阻通常铅含量较高，其含铅部位主要是玻璃黏结剂和电子浆料，含有大量的 PbO。目前贴片电阻已有无铅化技术，并已进行了商业化应用。如以 Bi_2O_3 为主，以 Al_2O_3、SiO_2、ZnO 为辅的无铅玻璃黏结剂；以 ZnO、MnO、CaO 等物质混合的无铅电阻浆料等。

（5）铅蓄电池替代技术

发动机启动用蓄电池一般为铅蓄电池，正负极 / 栅板为铅板或铅锑合金板，含铅一般在 80% 以上，甚至接近 100%。目前，汽车启动用电池仍以铅蓄电池为主，行业内也有企业开始使用锂电池作为启动电池，未大范围推广，但未来随着其条件逐步成熟，普及度将不断提升。

2. 铬替代技术

锌铬涂层技术也称为达克罗技术，该技术因其具有很高的耐腐蚀性及良好的耐热性（250℃）等多种优点，广泛应用于航天航空、汽车和石油化工等领域。但是，锌铬涂层由于使用铬酸盐作为成膜过程中的黏结剂和钝化剂，导致涂层残留大量的六价铬。

无铬锌铝涂层摒弃了铬酸盐黏结剂和钝化剂，而是找到了更好的替代物，主要有两种：有机黏结剂和无机黏结剂。有机黏结剂包括单宁酸和有机硅烷等，无机黏结剂包括钼酸盐、硅酸盐、磷酸盐、钨酸盐等。已有研究表明，无铬锌铝涂层继承了传统的达克罗涂层的许多优点，如良好的耐热性、耐湿热性、耐水性等，甚至在与基材的附着力和涂层硬度上优于传统达克罗涂层。但是无铬锌铝涂层在耐盐雾性能上较达克罗涂层略差，但可通过涂覆与其配套的面涂层来显著提高无铬锌铝涂层的耐腐蚀能力。

无铬锌铝涂层技术已在汽车行业得到比较广泛的应用，如刹车系统弹簧、汽车制动盘、制动软管卡箍、汽车紧固件等。

5.2 车内挥发性有害物质管控发展现状

5.2.1 我国车内 VOCs 控制政策现状

为制定符合我国国情的挥发性有机物污染控制政策，2014 年 3 月 22 日，工信部组织开展“汽车挥发性有害物质控制技术研究”，通过调研国内外挥发性有害物质管控现状及先进技术，编制了符合我国国情和行业要求的《汽车产品 VOCs 控制技术规范》。2015 年，为健全我国汽车行业挥发性有机物管理工作，工信部又启动了管理制度研究，探索建立基于绿色供应链的管控体系，实现汽车产品设计及生产过程中的车内 VOCs 管控，编制《车内挥发性有害物质控制（草案）》，确立了以"鼓励企业开展原材料替代""建立基于供应链的过程管控体系""加强后端抽检及公示"为主的管理思路，逐步建立完善的从整车到零部件再到材料的 VOCs 检测体系，促进行业技术进步，主要包括以下 3 个方面。

（1）鼓励企业开展原材料替代

车内 VOCs 散发源于材料，加强材料源头管控，开展环保材料替代是实现产品车内空气质量提升的最有效途径。鼓励企业使用低挥发性材料，采用低挥发性生产工艺，引导企业逐步建立材料认可机制，加强对高危原材料的重点管控，从生产源头预防整车挥发性有害物质散发。

（2）建立基于供应链的过程管控体系

构建基于供应链的从整车到零部件再到材料的过程管控体系是企业开展车内空气质量的主要手段之一。由于车内各种零部件所用材料种类不同，不同零部件 VOCs 散发量也有差异。因此，有必要根据不同零部件 VOCs 散发量进行排序，筛选 VOCs 散发量占整车 VOCs 排放量较大的零部件种类，进行重点过程管控。中国汽车技术研究中心通过行业专家意见征集，结合对近千条零部件 VOCs 散发数据统计分析，经多轮讨论，总结得出了车内 VOCs 重点管控的 13 种高危零部件，见表 5-5 所列。

表 5-5　高危零部件清单

序号	高危零部件清单
1	前排座椅
2	后排座椅
3	顶棚
4	地毯
5	前围隔音垫
6	行李箱盖板
7	主仪表板
8	车门内饰板
9	立柱护板
10	副仪表板
11	密封条
12	方向盘
13	线束

（3）加强后端抽检及公示

建立严格的质量保障和生产一致性控制制度，在生产过程中对产品使用的原料或部件进行不定期抽检，确保到达消费者手中产品符合国家及行业标准要求。同时，引导有关媒体积极发挥专业、准确的舆论导向作用，提高全社会对汽车产品挥发性有害物质的认知度和接受度，对损害消费者权益、弄虚作假等行为给予曝光，营造汽车挥发性有害物质管控良好氛围。

5.2.2 我国车内 VOCs 标准现状

1.《车内挥发性有机物和醛酮类物质采样测定方法》

为贯彻《中华人民共和国环境保护法》，防治车内空气污染，改善车内环境质量，2007 年 12 月 7 日原国家环境保护总局（现环境保护部）批准了中华人民共和国环境保护行业标准《车内挥发性有机物和醛酮类物质采样测定方法》（HJ/T 400-2007）。该标准适用于车辆静止状态下，车内挥发性有机物和醛酮类物质的采样与测量，包含 M_1、M_2、M_3 和 N 类车辆，规定了测量机动车乘员舱内挥发性有机物和醛酮类物质的采样点位置、采样环境条件技术要求、采样方法和设备、相应的测量方法和设备、数据处理、质量保证等内容。该标准为指导性标准，自 2008 年 3 月 1 日起实施。

2.《乘用车内空气质量评价指南》

2011 年 10 月 14 日环境保护部批准了中华人民共和国国家标准《乘用车内空气质量评价指南》（GB/T 27630-2011）。该标准规定了车内空气中苯、甲苯、二甲苯、乙苯、苯乙烯、甲醛、乙醛、丙烯醛的浓度要求，用于评价乘用车内空气质量，主要适用于销售的新生产汽车，使用中的车辆也可参照使用，自 2012 年 3 月 1 日起实施。

自该标准发布后，我国汽车产品车内空气质量逐步提升，但是由于推荐性标准对企业约束力有限，部分企业依然对车内空气质量重视不足。因此，2015 年年底，环保部开始了《乘用车内空气质量评价指南》（GB/T 27630-2011）强标修订工作。

2016 年 1 月 22 日，环境保护部发布了《乘用车内空气质量评价指南》（征求意见稿），对原标准进行了修订。征求意见稿中修订的主要内容包括：增加了信息公开和环保一致性检查的相关内容；增加了环保一致性检查下线时间的规定；对原标准中的部分限值进行了修订；标准由推荐标准修订为强制标准。标准中主要内容修订包括以下几个部分。

（1）适用范围

原标准适用于销售的新生产乘用车内空气质量评价，使用中的车辆也可参照使用。征求意见稿中将适用范围限定为新生产的 M_1 类车型。

（2）车内空气质量要求

征求意见稿对车内空气污染物浓度限值进行了调整，见表 5-6 所列。

表 5-6　车内空气污染物浓度限值修订前后比较

序号	项目	原标准 /（mg/m^3）	征求意见稿 /（mg/m^3）	调整趋势
1	苯	0.11	0.06	加严
2	甲苯	1.10	1.00	加严
3	二甲苯	1.50	1.00	加严
4	乙苯	1.50	1.00	加严
5	苯乙烯	0.26	0.26	不变
6	甲醛	0.10	0.10	不变
7	乙醛	0.05	0.20	放宽
8	丙烯醛	0.05	0.05	不变

（3）受检车辆要求

原标准没有对受检车辆进行详细的规定，征求意见稿补充了相关规定，主要包括以下方面。

① 受检车辆为新下线后 28±5 天以内，且未经销售者或者使用者擅自改变车辆内饰的车辆。在接受检验前，不得进行影响车内空气质量的任何人为改造，除非这些改造措施是制造厂必需的生产过程，或者运输过程的一部分。

② 受检车内不得临时安放影响检测结果的吸附或净化装置，除非这些装置是按照制造厂的制造要求所必须配置的装置。

③ 车辆燃油箱中的燃料种类和燃料量按制造厂的规定添加。

④ 车辆下线时间 28±5 天以内，是指车辆进行定型实验和环保一致性检查时间，下线时间超过 33 天的车辆更应该满足标准中规定的限值要求。主管部门在组织实施环保一致性检查实验时，可以不受上述时间上限规定的限制。

（4）信息公开

征求意见稿中新增了信息公开要求，规定汽车制造企业或者授权代理商应向环境保护主管部门上报备案，并按规定公开拟批量生产车型的车内空气质量信息，备案并公开的信息包括样车车内空气质量测量结果，主要内饰零部件配置等相关信息。

（5）环保一致性检查

征求意见稿中新增了环保一致性检查内容，规定汽车制造企业应保证批量生产车辆的内饰零部件与备案信息一致，否则判定环保一致性检查不合格。如果被抽查车辆的内饰零部件与备案信息相符，环境保护主管部门可以要求被抽查车辆进一步进行车内空气质量检查实验，并根据下列原则进行结果判定。

① 合格性判定：环境保护主管部门，或者授权机构可以在生产线末端，随机抽取一辆汽车进行车内空气质量检测。测量结果中，如果 8 种控制污染物均不大于标准规定的浓度限值，则判定环保一致性合格。

② 不合格性判定：如果抽检车辆的 8 种控制物质中，有一种或以上物质超出标准规定的浓度限值，则判定环保一致性检查不合格。

③ 不合格性判定的追加实验判定：如果上述被抽查车辆的车内空气质量实验结果判定为不合格，汽车制造商有权向环境保护主管部门申请追加抽查 3 辆车进行实验，追加实验中，被抽查的车辆必须是与上述抽查车辆的车型及内饰属于同一系族的车辆。如果被抽查的 3 辆车均满足标准要求，则判定环保一致性检验合格；否则判断环保一致性检验不合格。

（6）更改与扩展

征求意见稿中新增了车型更改与扩展内容。

① 如果其他车型的内饰零部件与已经通过批准的车型相同，则批准可以扩展到相同的内饰系族。

② 对已通过批准车型车辆内饰零部件的更改，应在批量生产前，通知批准该车型的主管部门，由主管部门判定是否属于更改车型。

③ 为了减少企业的负担，汽车生产企业可以在其车型系族中，定义一个车内空气质量“最差”车型系族，该最差车型系族是各系族中车内空气最差的车型，并提交该最差车型系族的实验结果

数据代表多个系族的车内空气质量，上述“最差”车型系族的定义由汽车生产企业和环境保护主管部门共同协商确定。

3.《车内非金属部件挥发性有机物和醛酮类物质检测方法》

2015 年 12 月 7 日，国家标准化管理委员会下达了编制《车内非金属部件挥发性有机物和醛酮类物质检测方法》的通知。2016 年 5 月 11 日，标准编制讨论组召开了零部件 VOCs 检测方法的讨论会，决定标准充分考虑国内企业零部件 VOCs 检测现状，将袋式法和箱式法同时纳入标准。2016 年 9 月 6~8 日，道路车辆回收利用标准研究工作组召开，形成了标准技术内容初稿。2017 年 6 月，标准编制工作组对标准草案在组内征求意见。按照计划，该标准将于 2017 年 7 月上网公开征求意见，并于 2017 年年底正式发布。

该标准适用范围包含乘用车乘员舱及行李舱内的非金属零部件及材料。标准组结合行业标准对比分析，并实际进行了大量的数据检测，选用不对零部件、材料在试验过程中产生任何污染的袋式法及箱式法作为核心采样方法，并对不同零部件状态明确了制样方法，即零部件以总成状态进行检测，对不同材料规定相应的制样方法。

5.2.3 国外车内 VOCs 控制政策现状

车内 VOCs 控制问题涉及原材料、零部件、整车企业，涵盖了材料选材、加工工艺、储存运输等多个生产环节，涉及产业链条长，影响因素复杂多变。德国、日本、韩国等国家政府及行业组织根据本国情况，从源头管控、过程监管、信息公示等多个方面开展车内空气质量管控工作。

1. 德国 VOCs 政策法规要求及修订情况

作为汽车生产和消费大国的德国，其车内污染问题曾经非常突出，屡有消费者投诉。因此，德国是最早关注车内环境污染并颁布相关法规政策的国家。德国环保部门会同汽车制造业协会、消费者协会等相关部门联合制定了“德国汽车车内环境标准”，对各项指标进行细化，标准明确限制了车内各种有害气体的浓度与含量。

相关规定包括：① 汽车本身、车内的塑料配件、地毯、车顶毡、沙发等需符合德国“蓝天使”环保标志的要求；② 汽车本身、车内的塑料配件、地毯、车顶毡、沙发材料含有的苯、甲醛、丙酮、二甲苯等必须低于“德国三级车内环保标准”，比如车内甲醛含量不能超过 0.08 mg/m^3；③ 汽车销售前必须经过有毒空气释放期。另外，德国政府鼓励汽车企业为汽车配备天窗。由于污染空气一般是从汽车风口流入，再从车尾风口流出，在这过程中会有微量的污染空气滞留在车内，并且在车内形成环流，这时车内的污染是车外的 10 倍。而配备了天窗的汽车，依靠行驶中气流在天窗顶部的快速流动而形成车内的负压，将污染分解在通风口，以补充空气的方式进行通风换气，进而改善了汽车内部环境。

此外，德国政府鼓励汽车企业配备蜂窝回流式空气净化器和 PCP 定钛子，建议企业使用目前流行的汽车抗菌净化新技术，如光触媒等，用以分解车内 VOCs，使有害气体无害化，避免车内细菌、病毒交叉感染，从而更好地改善汽车内部空气质量。

2. 美国 VOCs 政策法规要求及修订情况

对于空气污染问题，美国制定了世界上最为详细的法律法规，通过建立《清洁空气法》《国家有毒空气污染物排放标准》《最高可实现控制技术》《控制技术指南》等一系列联邦法规政策，从技术引导、过程控制、末端监管 3 个方面对空气质量进行管理，管控思路对我国车内挥发性有机污染物的管理具有重要参考价值。

2000 年，美国环保局运输和空气质量评估与标准办公室发表了一份长达 195 页的有关控制汽车有害气体污染排放的报告，承认对于车内污染的研究资料还很有限。2006 年，美国 AnnArbor 环境集团发布了一个关于车内挥发性有害物质的报告，称车内空气中的有害化合物含量是家居和办公室中的 5~10 倍。该集团采集了 11 个国际著名汽车品牌的车内灰尘样本以及挡风玻璃薄膜样本。经化验分析显示，车内存在大量挥发性有害物质，车内座椅、地毯、扶手和电线胶皮是这些挥发性有害物质的主要散发来源。

相较于世界其他各国，美国政府出台的限制车内空气污染措施是最严的。美国 EPA 列出了车内受控制的材料清单，凡是在此清单上的材料和零部件用量超过标准要求的汽车制造厂和零部件供应商都必须进行申报，且必须经过环保部门审查。对于这些有害物质，环保部门还要求尽快开发替代物质来代替，并且对限制材料的使用状况进行定期全面检查。同时，汽车制造厂要求其供应商定期向他们和环保部门申报。申报者应对其申报材料的真实性及准确性负责，一旦发生未经审批的限制材料进入市场，申报者或未申报直接使用者将受到巨额罚款的处罚，还要负责召回产品、清理污染，甚至会追究主要负责人的法律责任。

经过数十年的努力，美国推动了各行业工艺技术的升级，有效减少了汽车行业 VOCs 的排放。

3. 日本 VOCs 政策法规要求及修订情况

由于车内空气质量存在产业链条长、产品 VOCs 性能一致性差等管理难题，过程管控是提升整车 VOCs 管控效果的重要保证。因此，部分政府通过建立事中监管机制，引导企业规范操作流程，提高过程管控能力，确保产品 VOCs 品质。

日本汽车行业是开展过程管控的典型代表，日本汽车零部件工业协会（JAPIA）为本土整车及零部件企业在生产环节提升产品 VOCs 管控能力开展了大量工作。

① 通过材料源头降低 VOCs 的产生与散发。根据挥发性有害物质种类，寻找散发来源，然后有针对性地进行整改是降低整车 VOCs 散发的最直接的方法。使用这种方法时要充分考虑周围环境对材料散发特性的影响。

② 建立企业内部 VOCs 的管控措施。从材料源头控制出发，使用低 VOCs 材料，同时注意减少在运输、装配环境中的交叉污染。将 VOCs 管控纳入整车开发、设计、生产阶段，分层级建立监管措施。

③ 引导汽车行业正确认识车内 VOCs 产生及散发机理，提高供应链中相关企业过程控制能力。

由于产品 VOCs 的散发受外部环境、季节、供应链等各环节影响较大，因此要求企业必须建立汽车供应链的管理能力，包括对供应链的整体宣传（相关知识、实施事项、管理体制等），以及对操作工的操作规范性培训。

4. 韩国 VOCs 政策法规要求及修订情况

韩国建立了“车内空气质量公示制度”，通过社会力量督促汽车企业加强车内空气质量管控，取得了良好的效果。

为了保障车内人员的身体健康，韩国政府建设部于 2007 年 6 月 5 日颁布《新规制作汽车的室内空气质量管理标准》，该管理标准规定了新生产车甲醛、苯、甲苯、二甲苯、乙苯、苯乙烯 6 种挥发性污染物检测方法及限值。2013 年，韩国国土交通部对《新规制作汽车的室内空气质量管理标准》进行了修订，将丙烯醛纳入管控，并且下调了甲醛、苯乙烯两种物质的限值。韩国汽车检测研究院每年抽检一定的车辆进行检验，并将测试结果在网络上公布，同时，对于不达标的车企劝告整改。经过 5 年的管理，韩国汽车产品 VOCs 散发水平得到了有效控制。

5.2.4 国外车内 VOCs 检测方法标准规范现状

1. 国际标准

目前国际上公认的车内空气质量检测方法为 ISO 12219，其包含从整车到零部件及材料级别 VOCs 测试的相关方法。ISO 12219 - 道路车辆内部空气（Interior Air of Road Vehicles）于 2012 年 7 月 15 日正式发布，是目前欧盟各成员国普遍执行的标准。此标准分为 4 个部分，分别是整车检测舱法、袋子法、微室法、小室法 ,详细描述了整车、零部件及材料的检测方法和操作流程。

对比中国的 GB/T 27630-2011，ISO 12219-1-2012 采样模式更多，GB/T 27630-2011 虽然有一个筹备期、封闭的阶段和一个采样阶段，但是这些都是在常温状态下进行，未能模拟真实的驾驶状态。而 ISO 12219-1-2012 把采样过程分为不同的阶段，包括标准状态、停车状态和开车状态，并分别采样。

袋子法是国际标准根据不同的结果需求和材料类型制定的一种检测方法。其主要流程有：采样袋净化、样品充气、气体培养、采集气体、样品分析。

2. 德国汽车行业协会法规标准

德国汽车工业联合会(成员包括大众汽车集团、戴姆勒 - 克莱斯勒、宝马等众多公司及供货商）同样制定了多个汽车内部环境有害气体检测标准。

（1）VDA270

汽车内饰材料气味特性测定。该标准运用人类嗅觉测试汽车内饰材料总体气味特性，是一种描述在各种气候条件下（温度、湿度）对气味进行定性的试验方法。试验在成员舱内的零件上或样品上进行(也包括空气循环零件的样品)。标准规定了测试仪器、样木获取方法、样本提取量、试验条件及 6 个评价等级等相关内容，测评人员必须经过培训和审查并具备相关资格证书。其测试原理为：将样品放置在一定温度和湿度下，让其组分成分里的挥发性物质充分挥发，所产生的气味根据气味准则评估。

（2）VDA275

汽车内饰材料甲醛释放量测试。该标准运用测试瓶及光谱分析法测定汽车内饰材料甲醛的挥发量，规定了测试器材、设备、样本获取方法、样本提取量及结果计算方法等相关内容。其测试原理为：在密封容器中加入蒸馏水，样品放在密封容器中加热，释放出来的甲醛被蒸馏水吸收作为试样溶液。用乙酰丙酮法测定试样溶液中的甲醛浓度。在乙酰丙酮和乙酸铵的混合溶液中，甲醛与乙酰丙酮反应生成二乙酰基二氢卢剔啶黄色络合物；该黄色络合物在 412 nm 波长时的吸收峰值最大，因此用分光光度计在波长 412 nm 测定该黄色溶液的吸光度；由预先绘制的标准曲线求得甲醛的浓度。VDA275 的试验结果是在相应试验条件下，达到化学平衡时样品所挥发出的甲醛量，而非样品实际含有的甲醛总量。试验中的样品尺寸、加热温度和加热时间为关键条件，对试验结果的影响比较大。

（3）VDA276

汽车内饰件检测标准。该标准分为 3 个部分。

① 标准排放测试。这部分描述了一种试验箱测量方法，用于测定汽车驾驶室内部组件或者部件排放的挥发性有机物的浓度；还描述了标准排放测试从试验样品制备到样品移交的一般试验过程。

② 使用平衡浓度测量法测定甲醛、氨和苯酚的排放量。为了测定在生产汽车过程中使用的纺织品以及木纤维成型件排放的空气污染物，例如甲醛、氨及苯酚的浓度，将采用 1 m^3 试验箱法。同时，将会使用该试验方法测定在汽车驾驶室内环境最坏情况下，上述空气污染物的排放浓度。为了模拟汽车驾驶室内部阳光照射的情况，将试验时试验箱内的温度确定为 65 ℃。

③ 使用火焰电离探测仪（FID）测定碳氢化合物的总浓度。通过采集发自火焰电离探测仪的信号，确定环境大气中碳化氢及其他化合物的含量。火焰电离探测仪会根据有机化合物的质量，按比例地返回信号。如果仅是需要测定有机化合物的总含量，则只需对汇总信号进行分析评价，即可获得总碳氢化合物的浓度（TVOCs），而无需对信号事先进行分离处理。这种方法特别适用于使用排放测试试验箱的连续测量。

（4）VDA277

汽车内饰非金属材料有机物散发测试。该标准通过运用火焰离子探测器及气相色谱分析法测定汽车内饰非金属材料碳挥发量，规定了测试仪器、样本提取、测试设置、测试条件及评价方法等相关内容。其测试过程大体如下：样品被封装在密闭的蒸汽瓶（顶空瓶）中，在 120℃下恒温加热 5 h，当固 / 液相和气相之间达到平衡状态时，顶空瓶中充满了易挥发物质，一定量的蒸汽被运送到质谱分析的柱子进行分析。之后为了定量测定总碳排放，及特定单种物质的量，还要用相关标准方法对曲线进行校正。

（5）VDA278

汽车内饰非金属材料碳排放量热解析分析。该标准通过运用热解析法测定汽车内饰非金属材料的 VOCs 及 FOG 挥发量，规定了样本获取方法、测试仪器、结果计算等相关内容。其测试原理为：将非金属材料剪成细长条置于玻璃管中加热，使其中的挥发性成分释放出来，利用气相色谱质谱联用法对挥发性成分进行定性和定量分析。

3. 日本标准

日本汽车工业协会（JAMA）认为汽车属于人类居所的一个重要组成部分，必须尽快制定解决方案以减少乘用车车厢内部 VOCs 的挥发量。到目前，日本还没有汽车车内空气质量的国家标准或法规。JAMA 在 2005 年发布了《小轿车车内口空气污染治理指南》，该指南以自主行动计划的形式发布，希望日本主要汽车公司在 2005 年以后新生产的汽车中减少车内空气污染，该指南同时也发布了 JAMA 建议的测试方法在 40℃的状态下测量甲醛排放，然后开启空调，控制目标是 25℃，在该状态下测量 VOCs 排放。

2006 年，JAMA 启动“汽车车厢 VOCs 自我减排措施”，对汽车内部挥发性有机物的使用情况及汽车 VOCs 的最优检测方法等几方面开展了研究，制定出了《降低汽车内 VOCs 的自主举措》，规定从 2007 年开始所销售的新车车内 VOCs 浓度必须满足厚生劳动省指定的 13 种物质浓度的限值要求，该措施已被应用于所有 2007 年开始上市的乘用车。同时，JAMA 充分考虑了车内空气质量与室内空气质量的不同，制定出了《汽车车厢 VOCs 检测方法（乘用车）》，规定了测试车辆必须是在生产线末端经检验合格后 4 周以内（最好是 14 天以后至 28 天以内）的车辆或相应的等效车辆。

对于检测方法，根据“室内空气中化学物质的捕集和测定方法”，由日本汽车工业协会开展研究，并作为兼顾到乘用车使用方法及环境保护的检测方法制定出《汽车内 VOCs 检测方法》。

此外，日本汽车标准协会（JASO）于 2007 年制定了 JASO M 902-2007《自动车部品—内装材—挥发性有机化合物（VOCs）放散测定方法》。该方法是一种专门测定汽车零部件与装饰品中 VOCs、甲醛及其他羰基化合物的方法，通过综合运用袋子法、气相色谱质谱联用法（GC/MS）、带氢火焰离子化检测器的气相色谱（GC/FID）及高效液相色谱法（HPLC），测定汽车内饰非金属材料的 VOCs 及 FOG 挥发量，并明确规定了样品的获取方法、测试仪器、结果计算等相关内容。由于该方法操作简单、周期短，是目前日韩车企、国内车企测试零部件、材料 VOCs 含量的主要手段之一。

4. 韩国标准

韩国政府拥有一套比较完善的车内空气质量抽检及信息披露制度。2007 年 6 月 5 日，为了保障车内人员的身体健康及提高国民汽车驾驶的安全性，韩国政府建设部颁布《新规制作汽车的室内空气质量管理标准》，该管理标准规定了新生产车甲醛、苯、甲苯、二甲苯、乙苯、苯乙烯等挥发性污染物检测方法及其限值（见表 5-7）。为了督促汽车企业切实改善汽车内部环境，韩国政府根据《机动车辆管理法案》第 33-3 条：《新生产车辆车内空气质量管理》，由韩国汽车检测研究院（KATRI）每两年对新生产汽车进行抽样测定，并公布检测结果。对于未达标的企业，韩国政府采取劝告的方式促使其达标，并无罚款等惩罚。韩国对进行检测的汽车下线日期有明确要求，为 14~28 天。

此外，韩国政府鼓励韩国汽车配备高科技空气质量自动监测设备，如 AQS 空气质量传感器，一旦车外的空气质量超标，AQS 会自动切断风门，阻止废气流入车内是韩国政府针对汽车挥发性有害物质限制标准及控制策略。

表 5-7　韩国《新规制作汽车的室内空气质量管理标准》

标准版本	物质名称	限制指导值 /（mg/m^3）
2007 年版	甲醛	0.250
	苯	0.030
	甲苯	1.000
	二甲苯	0.870
	乙苯	1.600
	苯乙烯	0.300
2013 年版	甲醛	0.210
	苯	0.030
	甲苯	1.000
	二甲苯	0.870
	乙苯	1.600
	苯乙烯	0.220
	丙烯醛	0.050

2013 年，韩国国土交通部对《新规制作汽车的室内空气质量管理标准》进行了修订，主要改动以下几个方面。

① 将标准的适用范围从轿车扩展到轻型面包车及货车；

② 将管控的车内 VOCs 物质加入了丙烯醛，从 6 种增加到 7 种，并且下调了甲醛、苯乙烯两种物质的限值（见表 5-8）；

③ 抽检方式从两年一次调整为一年一次，同时明确了对进口车的管理方式，要求进口汽车可依据初始制造商的建议标准提供管理证明资料替代抽检。

2013 年，韩国在联合国欧盟经济委员会（UNCEC）的 WP29 会议中提出建立全球统一的车内空气质量法规。韩国指出，从整个工业的视角来看，使用国际统一检测方法有利于降低各个国家车内空气质量测试的成本，并有利于乘客的健康和驾车安全。

5.2.5 2016 年我国汽车 VOCs 管控行业发展现状

5.2.5.1 我国企业 VOCs 管理现状

为了满足日益“严苛”的消费者要求，国内汽车企业已经逐步开展车内 VOCs 管理控制工作。综合企业相关工作开展时间的长短、投入精力多少、取得效果的情况，可将国内整车企业划归为起步中、发展中、优化中 3 种类型。

1. 起步型企业

部分企业刚刚开展车内 VOCs 管理工作，以产品能够快速满足《GB/T 27630-2011 乘用车内空气质量评价指南》为目标开展相关工作。目前，这类企业正处于摸底调研、基础知识积累、企业标准搭建阶段，其工作重点大体分为以下几部分。

（1）国内外 VOCs 相关法规标准梳理

学习国内外 VOCs 管理方面的法律法规，主要包括《GB/T27630-2011 乘用车内空气质量评价指南》、《HJ/T 400-2007 车内挥发性有机物和醛酮类物质采样测定方法》等对车内空气质量检测标准及限值要求。同时，掌握零部件及材料测试用的袋子法、箱式法、顶空法等等的基本操作程序，熟悉 GC-MS、HPLC、FID、烘箱等试验仪器的工作原理。

（2）国内外企业 VOCs 行业发展现状分析

调研国内外汽车产品 VOCs 管控水平、达标情况、先进企业经验做法等信息。深入学习国内外 VOCs 管理经验丰富的企业在 VOCs 管理方面的组织构建、过程控制方式、质量保证方面的体系建设情况。通过咨询等方式快速提升企业对国内 VOCs 行业现状的认识，确定企业 VOCs 管控总体思路及目标。

（3）产品出厂前达标测试

为满足国家要求，整车产品在上市前需进行摸底试验，根据整车产品 VOCs 挥发情况，确定是否需要通过进一步技术整改优化整车 VOCs 散发性能。针对产品可能出现的 VOCs 不合规情况，制定预案。

（4）搭建检测标准及限值体系

依据国标以及企业内部管控要求，建立整车、零部件、材料 VOCs 限值标准，搭建企业内部 VOCs 管理标准体系。由于零部件及材料 VOCs 检测方法不统一，企业制定内部检测标准及限值时，要充分借鉴其他企业标准，同时要考虑企业自身情况。一般而言，企业内部标准限值相比国标更加严格。

表 5-8　企业 VOCs 管理标准体系

分类	类别	描述	标准名称
整车类	VOCs	管理办法	《车内空气质量控制管理办法》
		试验方法	HJ/T 400-2007《车内挥发性有机物和醛酮类物质采样测定方法》
		限值要求	GB/T 27630-2011《乘用车内空气质量评价指南》
		技术规范	《乘用车整车空气质量（VOCs）送检规范》
零部件（材料）类	VOCs	试验方法及限值	《车内零部件挥发性有机物要求及测试方法》
	用材清单	—	《禁限用材料 / 工艺清单》《推荐材料 / 工艺清单》

（5）完善内部管控流程

类似于整车设计开发中通过总量分解，分散控制的模式划分不同部门责任，国内整车企业对车内空气质量管控也使用了这种方式。企业根据国家对整车 VOCs 达标的限值，制定车内关键零部件 VOCs 挥发量的指标要求，明确不同部门的责任目标，确定对应的责任人。

2. 发展中企业

部分企业在车内 VOCs 领域积累了多年经验，VOCs 控制技术及过程管控能力有了较大提高，逐步形成了企业特定的 VOCs 管控模式。企业将 VOCs 性能纳入整车产品开发流程，设立专门组织构架，将 VOCs 管控工作与设计、生产、采购、质保、试验等部门都建立了紧密关系，管控方式更加多样，针对性及过程控制能力更强，对供应商的要求也更高。其主要工作有以下几个方面。

（1）设计部门

将 VOCs 性能纳入整车开发流程。设计部门将汽车产品 VOCs 性能列入开发计划，纳入整车开发流程，融入各设计环节中，如图 5-21 所示。

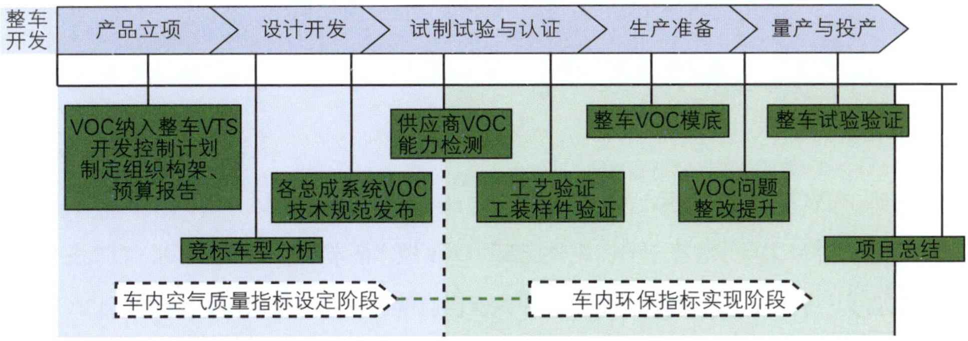

图 5-21 国内汽车企业 VOCs 管控流程

- 在产品立项阶段。将产品 VOCs 性能信息纳入整车技术规范要求，制定关键开发节点控制计划，成立 VOCs 性能开发小组，制定初步预算报告。
- 设计开发阶段。通过已掌握的数据积累，结合对标车型 VOCs 数据信息，制定新开发车型的车内 VOCs 的目标数值，在整车数值的基础上向零部件及材料级别延伸，形成各总成级别的技术规范。
- 试制试验及验证阶段。与供应商紧密合作，修订零部件和材料的 VOCs 散发要求限值，共同制定技术方案、开发低 VOCs 产品，通过工装样件验证，确保零部件产品质量达标。
- 生产准备阶段。开展整车产品 VOCs 数据摸底工作，对出现的问题及时进行更改验证。
- 量产与投产阶段。通过飞行检测对产品质量持续性监督，一旦出现问题寻找相关原因并进行技术整改。

整车的 VOCs 设计开发主要分为两个阶段，第一个阶段为各种有害物质目标的设定，第二阶段为车内各环保目标的实现。通过“一正一逆”两个方面来保证产品 VOCs 开发效果。

（2）实验部门

形成企业检测能力。由于整车产品研发过程中需要开展大量关键零部件以及材料验证性试验，试验能力及水平也是衡量整车企业 VOCs 管控水平的重要方面。但是由于试验设备前期投资大，国内拥有完整试验能力的整车企业并不多。部分企业通过委托第三方检测机构开展车内 VOCs 检测工作，一方面不能很好的满足企业个性化的检测需求，检测周期以及质量难以保证；另一方面，由于产品 VOCs 数据波动较大，不同检测机构测试流程及仪器有所不同，不同机构提供的数据难以比较。同时，委托第三方检测机构开展检测也增加了企业的试验成本。随着国内法规的不断加严，各企业开展 VOCs 测试的需求逐步增加，纷纷投资建立企业内部整车、零部件、材料 VOCs 检测能力。

（3）采购部门

制定供应商 VOCs 管理要求。随着整车企业产品 VOCs 品质意识不断提高，采购部门对供应商 VOCs 管控技术能力要求也在提升，将供应商 VOCs 技术研发能力、产品 VOCs 性能控制水平、VOCs 试验能力一并纳入供应商评价机制。在确保供应商拥有充分技术实力开展产品 VOCs 性能整改工作的同时，要求供应商具有良好的生产一致性控制能力。同时，要求供应商对产品 VOCs 性能进行承诺，并通过不定期抽检，加大对供应商的约束。

（4）质保部门

制定规范的操作流程。整车企业对生产过程中 VOCs 过程控制主要涉及物料准备、生产、包装、物流、检测等环节，通过建立完善的过程控制流程，制定“操作指导书”，提高产品生产的一致性水平。同时，对关键环节产品质量进行监控，通过严格的质量管理体系，确保产品质量。对量产后产品，通过进货检验和供应商（材料、零部件）抽查等方式对生产环节进行管控跟踪，对整车产品不定时进行抽检。

（5）研发及 IT 部门

形成企业 VOCs 基础数据库。由于国内企业开展汽车产品 VOCs 性能开发时间较短，零部件及材料 VOCs 散发数据处于原始积累阶段。通过建立企业 VOCs 数据库，实现材料、零部件、整车 VOCs 数据的收集与统计分析，开展“低 VOCs 材料认可”等工作，可以快速缩减检测周期、降低实验成本，制定合理的车内空气质量设计方案。

3. 优化中企业

国内部分企业通过长时间积累，已经搭建起成熟的 VOCs 管控体系，目标也由满足国家标准要求转化为构建产品车内空气质量核心竞争力，打造绿色汽车产品。其工作的重点分为 5 个方面。

（1）全面实施 VOCs 管控体系

建立基于 P（Plan）、D（Do）、C（Check）、A（Action）的产品绿色设计管理体系，通过产品设计品质的不断优化，持续改进产品 VOCs 性能。搭建以技术与平台规划、技术研发流程与项目管理、技术管理组织为基础的 VOCs 控制技术管理体系，促进 VOCs 控制技术水平的不断提升。搭建以质量管理体系、产品审核体系、过程控制体系为核心的整车 VOCs 质量保证体系，确保产品 VOCs 性能的一致性达标。

（2）建设产品核心技术

基于国内汽车产品车内 VOCs 管控技术能力提升需求，有针对性地开展相关研究工作。开展零部件乙醛挥发量的削减、汽车用溶剂型胶黏剂的升级、座椅发泡材料 VOCs 控制等重点专项研究方案，建立“低 VOCs 材料及技术”储备。研究光触媒等车内 VOCs 后处理技术、车载空调过滤技术等前瞻性技术，搭建企业车内 VOCs 控制核心竞争力，为企业后续产品的技术升级提供持续性解决方案。

（3）开展前瞻技术研发工作

现阶段企业开展 VOCs 管控的难题一方面在于零部件在不同检测条件下 VOCs 散发性能不同，产品 VOCs 测试数据可比性差；另一方面在于整车与零部件 VOCs 散发关系不明确，造成零部件 VOCs 散发目标值分解困难。为更好地开展车内 VOCs 管控工作，部分企业在零部件 VOCs 模拟方面进行了大量试验研究，综合考虑温度、湿度、检测时间对零部件 VOCs 散发性能的影响；同时，深入研究汽车内饰 VOCs 散发机理、对比不同零部件散发性能与整车 VOCs 散发关系，进而预测整车产品 VOCs 散发性能。

（4）品牌搭建、宣传推广

社会大众对车内空气质量的广泛关注，部分车内 VOCs 控制优秀企业将产品“车内空气质量”作为卖点，制订相应营销计划。例如，某企业通过“IAQS”理念的不断宣传，吸引媒体及社会大众的眼球，取得了良好的宣传效果。

5.2.5.2 汽车产品 VOCs 现状

1. 产品整体情况

产品达标率是衡量汽车产品车内 VOCs 控制水平的重要指标，图 5-22 汇总了 2014（161 款）、2015 年（259 款）、2016 年（118 款）收集到的共 538 款车的车内 VOCs 达标情况。

由图 5-22 可知以下结论。

- 2016 年各项挥发性有害物质的达标率相比前两年均有所提升。整车达标率由 45% 提升至 67.3%，同比增长了 22.3%。

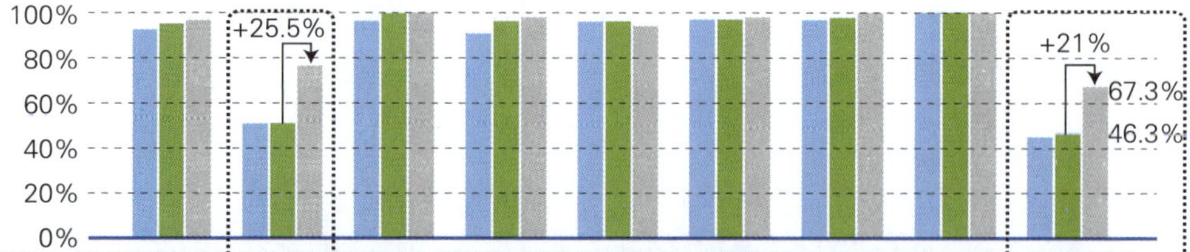

达标率	甲醛	乙醛	苯	甲苯	二甲苯	乙苯	苯乙烯	丙烯醛	整车达标
2014年	92.5%	50.9%	96.3%	90.7%	96.0%	96.9%	96.7%	100.0%	45.0%
2015年	95.0%	51.0%	99.6%	96.1%	96.1%	96.9%	97.7%	100.0%	46.3%
2016年	96.7%	76.5%	100.0%	98.0%	94.1%	98.0%	100.0%	100.0%	67.3%

（数据来源：中国汽车技术研究中心数据资源中心）

图 5-22　车内 8 项挥发性有害物质达标情况

• 乙醛达标率上升较快，但仍是限制整车达标率提升的瓶颈，2016 年乙醛达标率为 76.5%，相比 2014 年提升了 25.6%。

• 2016 年数据显示，除去乙醛、二甲苯，其他 7 项物质达标率均超过 95%，其中苯、苯乙烯、丙烯醛达标率为 100%。

分析可知，随着国内 VOCs 管控工作的不断推进，2016 年汽车产品车内挥发性有害物质的达标率较 2014 年、2015 年有了一定程度的提高，但整体达标水平依然较低。

与此同时，由 7 种挥发性有害物质行业散发均值（如图 5-23 所示）可知，随着国内 VOCs 管控工作的不断推进，各种有害物质发散浓度大大下降。

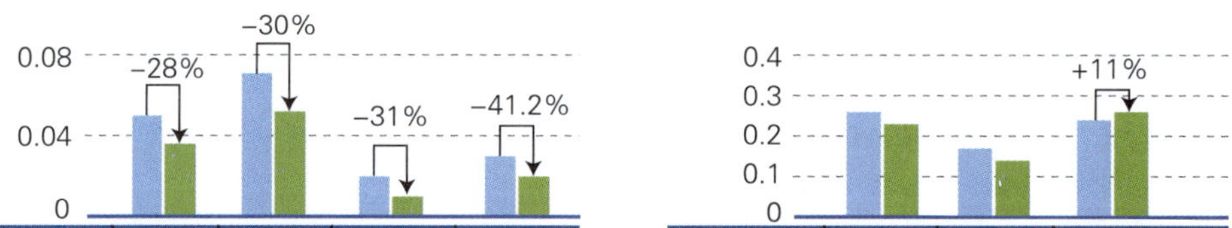

平均值	甲醛	乙醛	苯	苯乙烯
2015年	0.05	0.071	0.016	0.034
2016年	0.036	0.05	0.011	0.02

平均值	甲苯	乙苯	二甲苯
2015年	0.263	0.165	0.237
2016年	0.224	0.136	0.264

	苯	甲苯	乙苯	二甲苯	苯乙烯	甲醛	乙醛	丙烯醛
国标要求	0.110	1.100	1.500	1.500	0.260	0.100	0.050	0.050
2015年平均值	0.016	0.263	0.165	0.237	0.034	0.050	0.071	ND
2016年平均值	0.011	0.224	0.136	0.264	0.020	0.036	0.050	ND
下降比例	-31%	-15%	-17.6%	+11%	-41.2%	-28%	-30%	-
与国标比值	10%	20%	9.1%	17.6%	7.7%	36%	100%	-

（数据来源：中国汽车技术研究中心数据资源中心）

图 5-23　主要物质平均值削减情况（单位：μg/m³）

2. 车内不同部件 VOCs

内饰非金属件对车内挥发性有害物质整体贡献较大，企业对于整车 VOCs 的控制也会逐步分解到零部件、材料级别，通过建立高危零部件清单开展重点管控。

图 5-24 为行业的部分车内关键零部件数据。

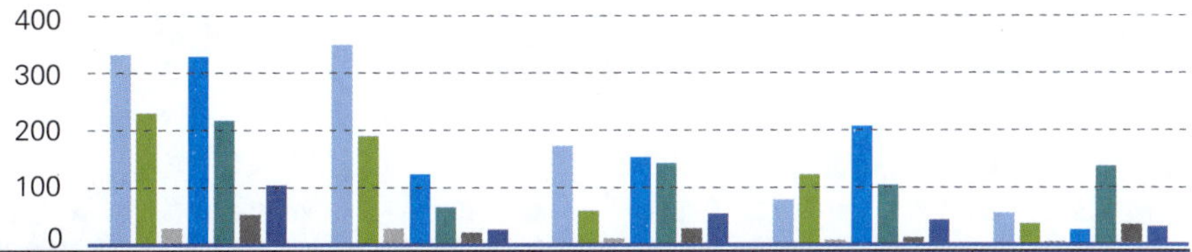

	后排座椅	地毯总成	仪表板总成	顶棚	车门内饰总成
甲醛	331.5	349.0	173.0	79.0	55.0
乙醛	230.1	190.0	60.0	123.0	37.0
苯	28.6	28.0	11.0	8.0	5.0
甲苯	328.9	124.0	153.0	207.0	26.0
二甲苯	217.1	66.0	143.0	105.0	138.0
苯乙烯	53.3	21.0	28 .0	12.0	35.0
乙苯	104.0	26.0	54.0	43.0	31.0

（数据来源：中国汽车技术研究中心数据资源中心）

图 5-24　典型零部件的 VOCs 挥发情况（单位：μg/m³）

① 单一零部件存在的情况下，8 种有害物质的挥发量之间没有必然联系。一种零部件挥发出的 8 种有害物质在常温下很稳定，相互之间不会发生反应，不同物质之间的散发量也没有直接联系。

② 不同零部件，各种有害物质散发数据没有可比性。不同零部件之间由于原材料、加工工艺的不同，VOCs 散发性能可比性较低。

由于整车产品甲醛、乙醛、甲苯是 VOCs 超标的主要物质，因此应以这 3 种物质为基准物质，建立零部件贡献率排序，进一步确定高危零部件清单。

图 5-25 为部分车内关键零部件乙醛、甲醛、甲苯 VOCs 散发情况排序。

由图可以看出，零部件 VOCs 散发较为集中，以乙醛为例，排在前四位的零部件乙醛散发量占总散发量的 50% 左右。

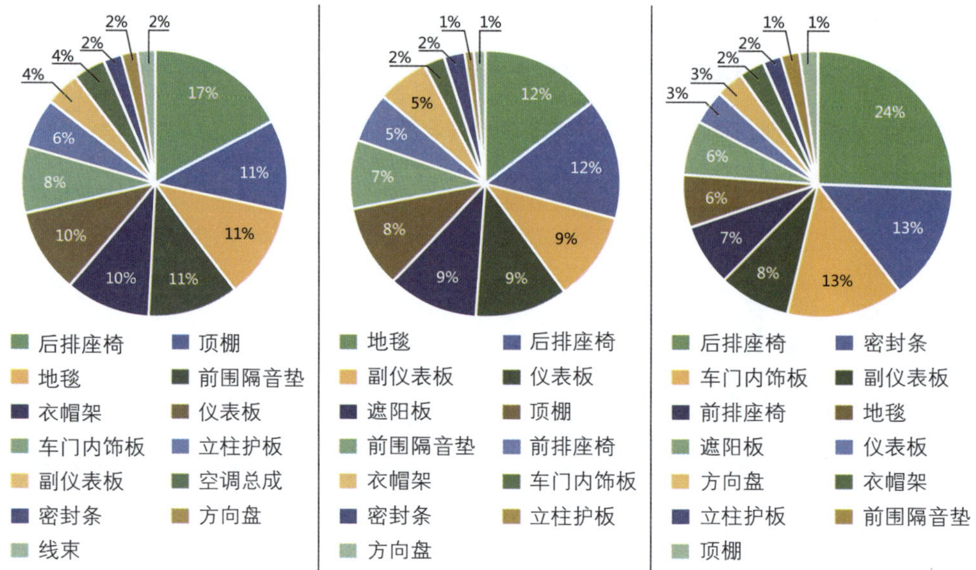

(a)零部件乙醛贡献率排序　(b)零部件甲醛贡献率排序　(c)零部件甲苯贡献率排序

（数据来源：中国汽车技术研究中心数据资源中心）

图 5-25　典型物质零部件贡献率排序（单位：$\mu g/m^3$）

5.2.6　车内 VOCs 控制技术

最近几年，随着国内企业对绿色环保技术重视程度不断提升，研发实力也在逐步增强，车内 VOCs 控制技术日新月异，由于车用材料种类繁多，不同材料 VOCs 控制技术又有所差别。

5.2.6.1　原材料控制技术

1. 聚丙烯控制技术

聚丙烯（PP）材料具有优异的耐热性、刚性、易于加工成型和回收利用，在汽车中应用较广，约占塑料总量的 30%。尤其是 PP 泡沫塑料，在隔音装饰等领域有着突出贡献，主要应用于地毯、缓冲材料等部件。

各大石化公司都相继推出了低 VOCs 的 PP 树脂。国外石化企业 PP 树脂生产工艺较国内先进，采用最新的生产工艺和新一代催化体系，高效的新一代 Z-N 催化体系能有效控制残留物和小分子含量，并且能够进行产品设计控制，有效降低了 PP 树脂中的 VOCs 含量。此外，通过茂金属催化生产的 PP 的 VOCs 含量比国内常规催化生产的 PP 要低很多，茂金属催化具有催化活性高、可适用单体多、单活性位、聚合物结构可精确控制等优点，能够有效控制小分子含量和残留物。

2. 聚氨酯控制技术

聚氨酯（PU）泡沫塑料在汽车软装内饰中占有重要地位。聚氨酯材料应用在汽车零件上，具有产品的设计自由度大、物理机械性能范围宽广、加工方法多样化、可以再生利用、产品的气体释放量较低、可有效减少汽车内部的雾性、较宽的使用温度范围等优势。聚氨酯材料在汽车上应用最多、最广泛的部位是汽车饰件，有热塑性聚氨酯弹性体（TPU）、合成革、软泡、半硬泡、涂料和胶黏剂等。主要应用于顶棚、遮阳板、仪表板填充剂、头枕等。目前大量被使用的聚氨酯仍以溶剂型为主，固化过程中有机溶剂会挥发产生甲醛、甲苯等挥发性有害物质。现阶段主要从以下几个方面进行改进。

① 开发相应的植物油多元醇替代石化路线的聚醚多元醇。生物基 PU 材料循环利用率、有机物挥发及 CO_2 排放量均优于石油基 PU 材料，是一种绿色环保原料。美国重点开发大豆油基植物油多元醇，某公司已成功开发出了大豆油基 PU 泡沫和橡胶，用于汽车坐垫、靠背、导流板、散热器和密封件等。

② 开发水性聚氨酯材料。水性聚氨酯以水为介质，不含 VOCs 和游离二异氰酸酯单体，能降低挥发物毒性，对环境友好，可用水稀释，应用方便。水性聚氨酯综合性能接近溶剂型聚氨酯，广泛应用于黏合剂、涂料黏合剂、皮革涂饰剂和固色剂等。

③ 扩大热塑性聚氨酯弹性体的应用范围。聚氨酯弹性体具有优异的性能，如弹性好、耐磨、耐疲劳、耐油脂、低温柔性好、耐辐射及易加工性等，其内部 VOCs 组分含量低，已在迅速发展的汽车工业得到了广泛应用，如仪表板、车后窗和门窗封条等。

3. 胶黏剂控制技术

汽车内饰会使用多种溶剂型胶黏剂，但是这些胶黏剂使用过程中由于溶剂的挥发等原因会释放出甲醛、苯、甲苯、二甲苯等有机挥发物。比如在制造顶棚、地毯、吸音棉过程中需要使用黏结材料酚醛树脂。而酚醛树脂合成原料为甲醛，若反应不完全，黏结剂会含有游离甲醛，车辆使用过程中就会释放出来，故需要改进现有材料或工艺，来降低胶黏剂中甲醛含量，其他物质的挥发原理也类似。现在胶黏剂的研发主要朝着以下趋势发展。

（1）热熔胶

热熔胶是一种环保型胶黏剂，一种在室温下固态，加热到一定温度后即融化为液态流体的热塑性胶黏剂，是近年来国际上开发和应用较快的一种新型胶黏剂。因产品本身是固体，便于包装、运输、贮存，无溶剂、无污染，以及生产工艺简单、高附加值、黏接强度大、速度快等优点而倍受青睐。

由于使用过程中无溶剂挥发，不会产生小分子挥发物质，具有低 VOCs 甚至不含 VOCs 的特性。

（2）水性胶黏剂

近年来，在胶黏剂开发研究中推行安全无公害化，特别是无溶剂化，促进了水基胶黏剂的发展。水性胶黏剂即以水作为分散介质的胶黏剂，又分为水溶型胶黏剂、水分散型胶黏剂和水乳型胶黏剂。水性胶黏剂的优点有：对环境友好、无毒、不可燃、固含量高、使用现有的应用设备和设备较易清洗。例如水性丙烯酸酯胶黏剂。

（3）无机胶黏剂

无机胶黏剂是由无机盐、无机酸、无机碱和金属氧化物等组成的一系列范围相当广泛的胶黏剂。无机胶黏剂是一种新型胶黏剂，突出优点是耐高温性极为优秀，而且又能耐低温，其耐油性优良。无机胶黏剂的优点是：成本低、不易老化、结构简单、黏结度高、使用方便，可以室温固化。无机胶黏剂通常是水溶性的，毒性小，不燃烧，无环境污染，不老化，由于其原料为无机材料，不包含有机高分子或小分子物质，故其并不存在挥发性有机化合物，更不会产生挥发性有机化合物的分解和挥发。

4. 新型环保材料替代

在不断优化传统塑料性能的同时，各汽车生产企业和材料供应商也在大力开发新型环保塑料，从源头杜绝或减少 VOCs 含量，其中天然纤维、纳米塑料和生物可降解塑料是当前研究的热点。

使用天然纤维，如亚麻、剑麻增强塑料制造车身零件，在汽车行业也已经得到认可。一方面由于天然纤维是环保材料，如用亚麻增强 PP 制作车身底板和内饰材料，材料的拉伸强度比钢要高，刚度不低于玻纤增强材料，制件更易于回收；另一方面植物纤维比玻纤轻 40%，可减轻车重，降低油耗。

随着纳米塑料技术的发展，纳米塑料以其具有优异的力学性能、耐热性能和阻燃性能，及其抗菌、防辐射性能、耐老化等高附加功能，在车用塑料的应用中已得到许多企业的青睐。如美国某公司研究出了 Forte 品级纳米 PP 复合材料，具有质轻、优异的机械强度及表面性能，用于制作汽车内饰件，具有美观、舒适、高强度和低 VOCs 等特点。

生物塑料具有可降解性，是未来汽车用材料的一大发展方向。某汽车公司采用聚乳酸和洋麻的复合材料已研制开发了汽车轮胎罩和车垫，并打算到 2016 年以后逐渐将以往产品中的一些通用塑料部件全部采用生物制件代替，而且首先更换的是汽车内饰件。

5.2.6.2 零部件技术改进方法

1. 注塑工艺改进

注塑成型是指受热融化的材料由高压射入模腔，经冷却固化后，得到成形品的方法。该方法适用于形状复杂部件的批量生产，是重要的加工方法之一。其成型过程是一个循环的过程，每一周期主要包括定量加料—熔融塑化—施压注射—充模冷却—启模取件，取出塑件后又再闭模，进行下一个循环。

采用注塑成型工艺制备零部件时，应注意以下几点。

① 注塑机宜采用螺杆式注射机，尽量避免使用柱塞式注塑机。柱塞式注塑机易产生层流现象，增加料筒清洗次数，清洁剂残留会对下次注塑时零部件 VOCs 含量造成影响。

② 确定最佳注塑温度、注塑速度和冷却时间，避免高分子材料的分解和残留，造成零部件内部含有挥发性低分子量化合物。

③ 设计排气结构。在注塑成型过程中模具内部除了原有的空气外，还有塑料受热或凝固产生的低分子挥发气体以及塑料中的水分在注塑温度下汽化形成的水蒸气 这些气体若不能及时排出，在被压缩后产生高温，会引起塑件深肋部位的炭化烧焦。可采用割排气入子的方式来排气，即在保持公模芯形状尺寸的基础上，利用线切割工艺将公模芯割成相互配合的规则薄片，薄片之间相互配合会产生间隙，而且产品的深肋位处正好在公模芯上，成型过程产生的大量热气体会通过排气入子之间的间隙被带走。

2. 热压成型工艺改进

热压成型是将热塑片材或热固性片材加热，并成型的一种方法，最适宜制造薄壁且浅深度的塑品，广泛用在汽车门内护板、顶棚、后围、行李箱隔板、地毯、隔热毡等产品的生产上。

热压成形最大的好处是加工工具低廉，因为只需半个模具且模具可用热石膏、木材、聚酯类、环氧树脂及其他非金属材料制造。目前，主要采取以下手段来降低部件 VOCs 含量。

① 热成形品模具内适度设计凹槽，但不可太复杂，否则脱模不易，增加脱模剂的用量，且加工工具成本极高。

② 片材加热温度控制在成型周期的 50%~80%，片材成型温度在 120℃ ~240℃范围内，此时熔浆具有较好的流动性，且不易分解，小分子化合物也可挥发出去，降低零部件内的 VOCs

存储量。

3. 发泡成型工艺改进

发泡成型是使塑料产生微孔结构的过程。几乎所有的热固性和热塑性塑料都能制成泡沫塑料，常用的树脂有聚苯乙烯、聚氨酯、聚氯乙烯、聚乙烯、脲甲醛、酚醛等。常用的发泡方法有 3 种：物理发泡法、化学发泡法和机械发泡法。化学发泡常用于聚氨酯泡沫塑料的生产。化学发泡剂在加热时释放出的气体有二氧化碳（CO_2）、氮气、氨气等。物理发泡是在塑料中溶入气体或液体，而后使其膨胀或气化发泡的方法。机械发泡法主要是通过搅拌等手段在混合时混入空气。在发泡成型工艺中，可通过发泡剂的选择来控制零部件 VOCs 的含量。

① 在发展环境友善材料和微孔结构材料方面，以 CO_2 等物理发泡剂为主的 PP 发泡技术具有独特的优势，用 CO_2 作发泡剂的聚丙烯物理发泡技术是聚丙烯发泡技术研究开发的一个重要方向。

② 在挤出过程中，增大注气段的压力，提高气体在熔体中的溶解度；重新组合螺纹元件使双螺杆在混合段有较强的剪切混合能力等有利于形成泡孔均匀的发泡 ,也有利于降低原材料的使用，从源头上控制 VOCs 的含量。

③ 熔体温度是影响聚丙烯发泡倍率的关键因素。例如，随熔体温度降低，聚丙烯发泡倍率增大，控制熔体温度在聚丙烯树脂结晶温度以上 5℃左右内，能够得到发泡倍率高，泡孔结构好的聚丙烯发泡体，且此温度能够有效控制聚丙烯树脂的分解，增加小分子聚合物在零部件中的残留。

5.3 汽车生命周期评价发展现状

5.3.1 我国汽车生命周期评价政策现状与进展

2013 年 2 月，工信部、国家发展和改革委员会（以下简称“发改委”）和环保部联合发布了《关于开展工业产品生态设计的指导意见》，提出“按照全生命周期的理念，在产品设计开发阶段系统考虑原材料选用、生产、销售、使用、回收、处理等各个环节对资源环境造成的影响，力求产品在全生命周期中最大限度降低资源消耗、尽可能少用或不用含有有毒有害物质的原材料，减少污染物产生和排放，从而实现环境保护的活动”。该指导意见将开展汽车产品的生态设计试点工作列为重点工作内容。

2014 年 7 月，工信部发布了《关于组织开展工业产品生态设计示范企业创建工作的通知》，引导工业污染防治从“末端治理”向“全生命周期控制”转变，经过 2~3 年试点，每个行业树立

1~2 家示范企业，到 2017 年，创建百家生态设计示范企业，引导工业行业和企业走绿色低碳循环发展之路，并于 2015 年 6 月公布了包括汽车零部件企业在内 8 个行业的 41 家企业作为第一批工业产品生态设计试点企业。2015 年 3 月 20 日，国家认监委发布《汽车产品生态设计评价实施规则》，将零部件的 LCA 报告作为一个重要的加分项。

2016 年 7 月，工信部发布《工业绿色发展规划（2016-2020 年）》，指出要强化产品全生命周期绿色管理，支持企业推行绿色设计，开发绿色产品，全面推进绿色制造体系建设。2016 年 12 月，国务院办公厅发布了《关于建立统一的绿色产品标准、认证、标识体系的意见》，将生命周期理念贯穿于绿色产品认证过程。

由此可见，推动开展全生命周期评价已成为未来工业发展的必然趋势，特别是对于汽车行业而言，注重全产业链的环境、资源管理，是打造绿色产品的重要措施。

5.3.2 我国汽车生命周期评价标准现状

目前，我国汽车产品的生命周期评价（Life Cycle Assessment，LCA）标准正在制定中，汽车生命周期评价采用的是生命周期评价通用标准。

（1）《环境管理 生命周期评价 原则与框架》

GB/T 24040-2008《环境管理 生命周期评价 原则与框架》等同采用 ISO 14040:2006 Environmental management – Life cycle assessment Principles and framework。该标准描述了生命周期评价的基本原则和框架，包括：LCA 目标和范围的确定、生命周期清单分析（LCI）阶段、生命周期影响评价（LCIA）阶段、生命周期解释阶段、LCA 的报告和鉴定性评审、LCA 的局限性、LCA 各阶段间的关系和价值选择，以及可选要素应用的条件。具体如图 5-26 所示。

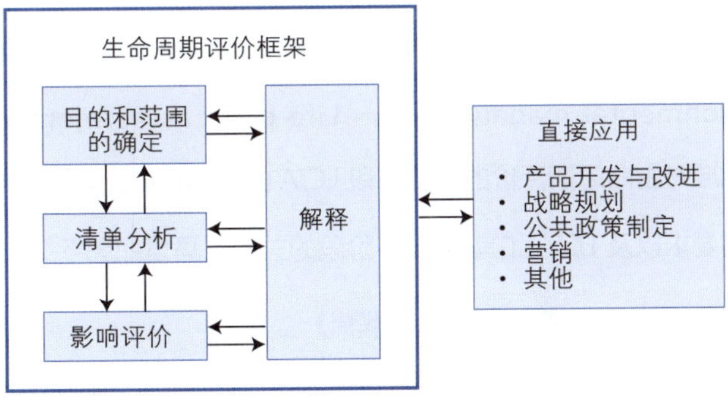

图 5-26　生命周期阶段示意

该标准涵盖了 LCA 研究和 LCI 研究，但未详述 LCA 的技术，也未对 LCA 各阶段的方法学进行规定。

（2）《环境管理 生命周期评价 目的与范围的确定和清单分析》

GB/T 24041-2000 《环境管理 生命周期评价 目的与范围的确定和清单分析》等同采用国际标准 ISO 14041:1998 Environmental management – Life cycle assessment – Goal and scope definition and inventory analysis。该标准详细阐述了生命周期评价的目标与范围的确定原则，生命周期数据收集方法与规范，物流、能流及排放物的分配方法与规范，清单分析方法与流程和生命周期评价报告内容与规范。具体如图 5-27 所示。

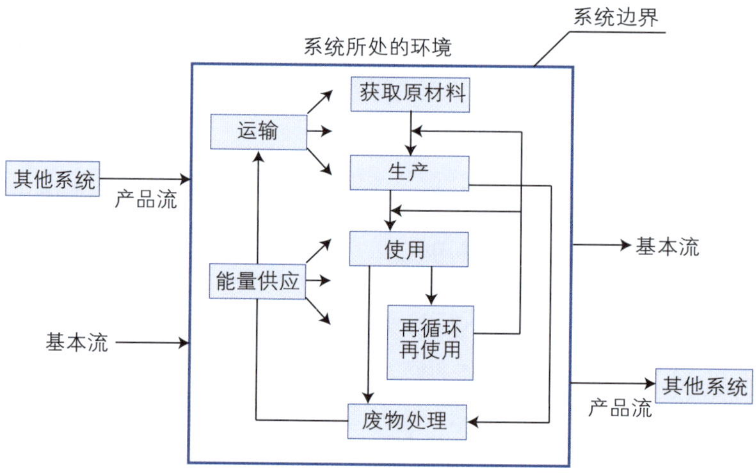

图 5-27 生命周期清单分析的产品系统示例

该标准涵盖了生命周期评价目标与范围的确定和清单分析的详细技术内容。

（3）《环境管理 生命周期评价 生命周期影响评价》

GB/T 24042-2002 《环境管理 生命周期评价 生命周期影响评价》等同采用国际标准 ISO 14042:2000 Environmental management – Life cycle assessment – Life cycle impact assessment。该标准对生命周期评价的第三阶段 LCIA 的基本框架、关键特性和局限进行了阐述，并规定实施 LCIA 的要求以及 LCIA 和其他 LCA 阶段的关系。具体如图 5-28 所示。

（4）《环境管理 生命周期评价 生命周期解释》

GB/T 24043-2002《环境管理 生命周期评价 生命周期解释》等同采用国际标准 ISO 14043:2000 Environmental management – Life cycle assessment – Life cycle interpretation。该标准提出了 LCA 或者 LCA 研究中进行生命周期解释的要求和建议，并对 LCA 解释阶段与其他阶段的关系进行了阐述。具体如图 5-29 所示。

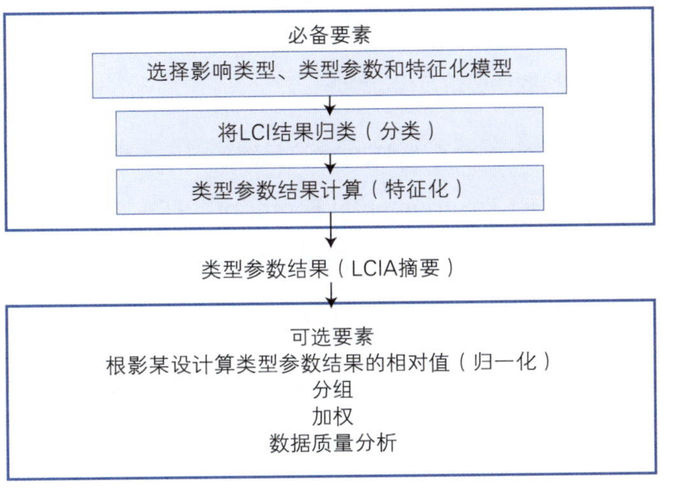

图 5-28　LCIA 阶段要素

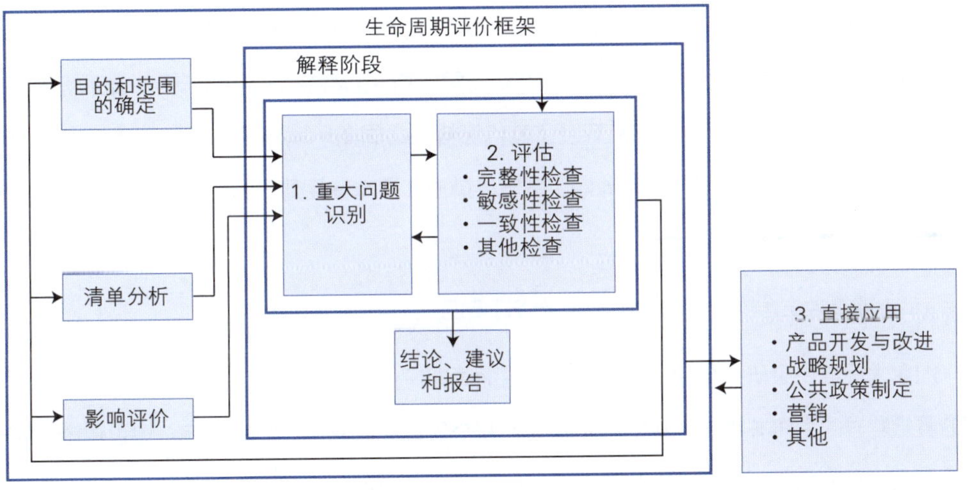

图 5-29　LCA 解释阶段的要素与其他阶段之间的关系

该标准未对 LCA 和 LCI 研究中的生命周期解释阶段的具体方法做描述。

（5）《环境管理 生命周期评价 要求与指南》

GB/T 24044-2008《环境管理 生命周期评价 要求与指南》等同采用国际标准 ISO

14044:2006 Environmental management – Life cycle assessment – Requirements and guidelines。该标准对生命周期评价的 4 个阶段（即目的与范围确定、清单分析、影响评价和解释）做了详细的要求，并提供了指南。

5.3.3 国外生命周期评价法规现状与进展

（1）欧盟生命周期评价政策要求及修订情况

2013 年 4 月，欧盟委员会发布了“建立绿色产品统一市场”政策，提出基于生命周期评价方法的产品环境足迹（Product Environmental Footprint, PEF）方法，欧盟建议成员国在相关立法以及产品环境标志、产品生态设计、绿色采购、绿色金融等体系中采用 PEF 方法。PEF 将作为欧盟评价绿色产品的唯一方法，如同 RoHS、REACH 指令，对中国出口产品造成深远的影响。

目前，欧盟正热烈讨论将 LCA 纳入欧盟 2022 年（欧 7）的汽车排放法规，不仅关注使用阶段的尾气排放，还将关注全生命周期的环境影响。

（2）美国生命周期评价政策要求及修订情况

美国开发了基于 LCA 方法的 GREET 模型，包括从油井到车轮的燃料循环，以及材料回收和处理的车辆循环。可让研究人员评价多种汽车和燃料的不同组合性能。在北美 GREET 模型已经被广泛应用，如美国能源部等都曾利用 GREET 模型对车用燃料和先进的车辆动力系统的能耗及排放进行了评价。2013 年，美国又开发了替代燃料生命周期环境和经济运输工具（AFLEET），评估汽车生命周期石油使用、生命周期温室气体排放、汽车使用尾气排放及汽车拥有成本，并根据用户的需要提供 3 种核算方法。

（3）加拿大生命周期评价政策要求及修订情况

加拿大标准协会研究与建立实施对比型生命周期评价的方法，其目的是关注不同设计方案之间的重量差异，为汽车零部件从摇篮到坟墓的整个生命周期的潜在环境影响，提供清晰、统一的评价指南。指南名称《SPE-14040-14 Life cycle assessment of auto parts —Guidelines for conducting LCA of auto parts incorporating weight changes due to material composition, manufacturing technology, or part geometry》。

（4）日本生命周期评价政策要求及修订情况

日本 LCA 学会在日本通产省（MITI）的支持下，在 250 个国家、行业和学术机构的参与下，对 LCA 的方法和应用进行了详细研究，主要内容包括：① 建立全日本的 LCA 工具；② 建设日本公共数据库；③ 建立生命周期的应用规则；④ 对于公众和行业建立教育和普及系统。2003 年 -2005 年，为了促进和扩大利用 LCA 的技术，日本工业环境管理协会（JEMAI）启动了 LCA 第二阶段的研究，收集来自工业企业和其他组织特定产品的数据，计算其生命周期的各个阶段对环境的负担，并改进产品及相关系统对环境影响的计算方法。

5.3.4 2016 年我国汽车生命周期评价行业发展现状

5.3.4.1 汽车行业生命周期评价数据建设情况

随着生命周期评价方法的广泛应用，国内的咨询公司、科研机构和行业组织等对 LCA 的研究也不断深入，纷纷积累了各自的生命周期基础数据库，并逐步建立了系统的生命周期数据库。

目前，我国 LCA 数据库主要包含以下 6 个，其对比分析见表 5-9 所列。

表 5-9 我国主要生命周期评价数据库对比

数据库名称	包含的行业、产品、原材料	国家 / 区域代表性	生产代表性	技术代表性
中国汽车生命周期数据库	基础能源、车用材料、运输以及汽车零部件生命周期数据	中国平均水平	中国汽车行业平均水平	主要生产技术平均水平
中国 LCA 数据库	能源、基础原材料、运输、废弃物管理和投入产出数据等	中国平均水平	区域内市场供应水平	主要生产技术平均水平
中国材料生命周期清单数据库	能源、原材料和运输	中国平均水平	区域内行业平均水平	主要生产技术平均水平
中国 LCA 基础数据（CLCD）	能源、原材料、运输和污染治理数据	中国平均水平	区域内行业平均水平	主要生产技术平均水平
中国汽车替代燃料生命周期数据库	基础能源、汽车替代燃料和运输数据	中国平均水平	区域内市场供应平均水平	主要生产技术平均水平
宝钢产品 LCA 数据库	宝钢各类型钢铁产品 LCA 数据	中国平均水平	宝钢及其上游供应商和下游用户	主要生产技术平均水平

5.3.4.2 汽车行业生命周期评价软件建设情况

我国 LCA 起步较晚，早期主要依靠国外的软件进行 LCA 建模和分析工作。近年来，随着 LCA 工作的重要性日益凸显，国内开始重视 LCA 软件开发。目前，基于汽车行业，国内开发的 LCA 软件有中国汽车生命周期评价（China Automotive Life Cycle Assessment, CALCA）工具。

CALCA 工具是目前国内唯一一款针对汽车行业的生命周期评价软件，该软件依据 ISO14040

和 ISO14044 等国际标准建立，内置中国汽车生命周期数据库（China Aotomotive Life Cycle Database, CALCD），简化了 LCA 建模和分析过程。CALCA 工具的应用，增强了我国汽车行业开展 LCA 分析的能力，提升了我国汽车行业绿色设计能力。

5.3.4.3 汽车行业生命周期评价应用进展情况

1. 生命周期评价在汽车企业层面的应用

生命周期评价强调全面认识物质转化过程中的环境影响，这些环境影响不仅包括各种废料的排放，还涉及物料和能源的消耗以及对环境造成的破坏作用。将污染控制与减少消耗联系在一起，既可以防止环境问题从生命周期的某个阶段转移到另一个阶段或污染物从一个介质转移到另一个介质，也有利于通过全过程控制实现污染预防。因此，生命周期评价方法是在当前企业开展识别环境风险、降低环境污染、实现绿色发展的重要手段。

目前，生命周期评价在汽车企业层面主要有以下几方面的应用：① 在环境风险识别中的应用，企业通过对汽车产品全生命周期过程进行系统性评价，识别其生命周期潜在的环境风险，提前整改，预防环境问题的发生；② 在生产工艺改进中的应用，通过 LCA 对工艺过程的分析结果，改进工艺过程的资源能源投入大、污染排放严重的环节，从而提升工艺过程的绿色性；③ 在绿色产品开发中的应用，企业将 LCA 识别出的环境热点问题，在新一代产品的研发中逐一改进，开展绿色设计，提升产品的绿色性能。

中国汽车行业接触 LCA 时间较短，但是发展迅速。截至目前，包括重庆长安、吉利、长城、东风日产、三角轮胎在内的 40 余家整车和零部件企业针对其重点工艺技术、零部件以及整车进行了生命周期评价分析，对环境影响热点环节进行整改，部分企业将评价结果正向导入其研发过程中，减少汽车全生命周期过程中的环境影响，实现绿色设计。生命周期评价极大提升了我国汽车行业绿色设计能力。

2. 生命周期评价在政府管理层面中的应用

随着 LCA 在各行业中的良好应用，生命周期理念也逐渐受到重视，其源头预防、避免内部转移、全局减少环境影响的优点，使得它成为政府环境管理的重要工具。

近年来，生命周期理念正融入政府环境管理中，从国家层面到地方政府层面，LCA 在政策、法规中出现的频率越来越高。生命周期评价作为政府环境管理的重要手段，正逐步从鼓励、推荐性的方法向强制、规范性方法过渡。

编制中的汽车绿色产品、绿色工厂评定标准中都融入了生命周期理念，并将生命周期评价作为其中重要的项目。

3. 生命周期评价在汽车行业热点问题中的应用案例

（1）电力清洁化背景下的新能源汽车全生命周期环境影响

发展新能源汽车是我国汽车产业摆脱石油依赖、缓解能源危机的主要战略，也是我国由汽车大国迈向汽车强国的必由之路。在政策的强力推动下，近两年我国新能源汽车产业呈爆发式增长，已成为全球最大的新能源汽车市场。2016 年我国新能源汽车产销量分别为 51.22 万辆和 46.89 万辆，其中纯电动汽车占新能源汽车产销量的 80%。

当前，国内外对我国纯电动汽车温室气体减排潜力有较大争议，有研究者认为，与传统汽油车相比，纯电动汽车会增加温室气体的排放。为更好地对中国纯电动汽车生命周期进行分析，中国汽车技术研究中心与美国阿贡国家实验室开展联合研究，分别选择 2010 年、2014 年和 2020 年 3 个不同时间段，在电力结构、发电技术和热电联产规模等不同情景下，对比分析纯电动汽车与传统汽油车全生命周期的温室气体排放，探讨过去、现在与未来纯电动汽车全生命周期的减排潜力。

在研究中，采用中国汽车生命周期数据库、借鉴 GREET 模型，评价对象为一辆行驶 15 万 km 的乘用车，涵盖制造阶段与燃料链在内的汽车全生命周期阶段。所对比的传统汽油车和纯电动汽车均是重量 1 200 kg 左右的轿车，其中纯电动汽车续驶里程是 160 km，并假设其行驶阶段不更换锂离子电池。

应用生命周期评价方法，核算我国电力供应温室气体排放，对比分析我国纯电动汽车和传统汽油车全生命周期温室气体排放，并探讨了未来电力情景中，纯电动汽车全生命周期温室气体减排潜力，见表 5-10 所列。通过研究，得出以下 3 个结论。

表 5-10　汽车实际工况的燃料消耗与温室气体排放情况

（数据来源：中国汽车技术研究中心数据资源中心）

	单位	2010 年	2014 年	2020 年
传统汽油车				
油耗	L/100km	8.87	8.30	6.33
温室气体排放	g/km	183.20	171.56	130.72
纯电动汽车				
电耗	KWh/100km	23.83	19.38	15.63
电动汽车相对能效	—	324%	374%	353%

① 在我国电力结构优化、电力技术进步、热电联产规模扩大的背景下，2020 年我国电力供应碳排放有较大幅度的下降。

基于 2010 年和 2014 年我国的电力结构和电力技术水平，根据我国电力发展趋势，包括未来我国电力格局及发电技术的发展变化，预计 2020 年我国电力供应温室气体排放将比 2010 年下降 20% 以上，比 2014 年下降 10% 以上。具体如图 5-30 所示。

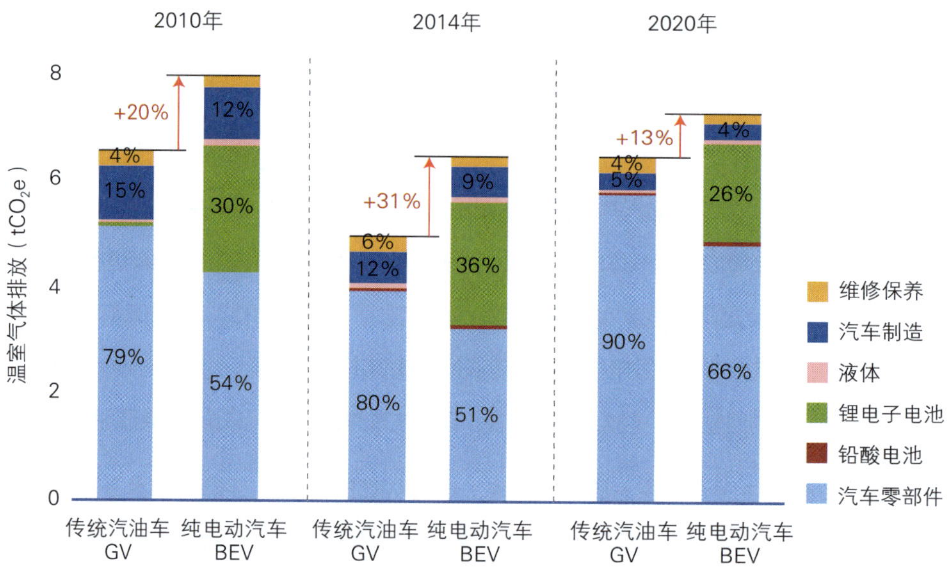

（数据来源：中国汽车技术研究中心数据资源中心）

图 5-30　传统汽油车与纯电动汽车制造阶段温室气体排放对比

② 随着电力结构的优化、电力技术进步、热电联产规模扩大，我国纯电动汽车的减排潜力逐步释放。

在 2010 年的电力结构、发电技术水平下和热电联产规模下，与传统汽油车相比，纯电动汽车并不具备全生命周期温室气体减排优势。随着我国对电力结构的调整、发电技术的进步，以及热电联产技术的大规模推广，2010 年到 2020 年之间，纯电动汽车全生命周期的温室气体减排潜力逐渐释放，并在 2014 年达到 8%；预计到 2020 年，纯电动汽车相比传统汽油车全生命周期的温室气体减排潜力将达到 18%。具体如图 5-31 所示。

③ 电力温室气体排放因子、电力结构中火电比例及纯电动汽车行驶电耗是影响纯电动汽车温室气体减排潜力的关键因素。

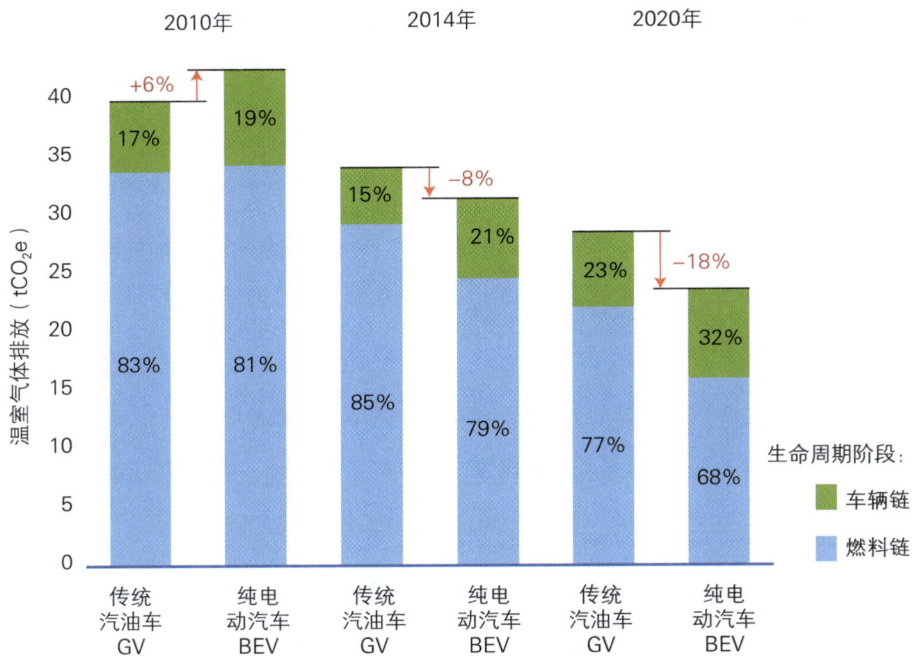

（数据来源：中国汽车技术研究中心数据资源中心）

图 5-31　电力清洁化背景下传统汽油车与纯电动汽车温室气体排放对比

在 2020 年电力情景中，分别将电力温室气体排放因子减少 10%，或将纯电动汽车行驶电耗减少 10%，2020 年纯电动汽车相比于 2014 年的温室气体减排潜力绝对值可增加 5%；将电力结构中火电的比例降低 10%，则 2020 年纯电动汽车相比于 2014 年的温室气体减排潜力绝对值可增加 12% 左右。调整电力结构对纯电动汽车温室气体减排效果更明显。

（2）基于 LCA 的车身轻量化绿色设计方案研究

能源短缺与环境污染问题已经成为制约我国汽车产业可持续发展的两个重要因素，为应对愈加严苛的油耗和排放法规，汽车节能减排技术层出不穷。其中，汽车轻量化设计是一种被广泛采用的节能减排技术，并已经发展成为世界汽车发展的潮流。轻量化材料包括高强钢、铝合金和碳纤维等已被大量使用在了车身的设计中，在保证性能的同时，降低汽车的整备质量，从而减少汽车燃料消耗和污染排放。有试验表明，10% 的汽车减重即可带来 6%~8% 的燃油经济性的提升。

轻量化材料的使用会大大降低汽车行驶阶段的油耗和排放，但从全生命周期而言，与传统材料相比（如普通钢），轻量化材料在生产阶段有可能将消耗更多的能源和产生更多的污染物质。另一方面，轻量化材料的回收再利用潜力及回收再利用所带来的环境问题也尚不明确。所以，轻量化并不一定等于绿色，汽车行驶阶段的节能也不一定代表着环保。

为更好地进行汽车轻量化绿色设计，中国汽车技术研究中心与世界汽车用钢联盟、长安汽车开展联合研究，对比分析高强钢、铝合金以及碳纤维（含对未来低碳情景碳纤维材料的预测）3种轻量化车型与普通钢基准车型全生命周期的能源消耗和温室气体排放，应用 LCA 方法确定最优的车身轻量化绿色设计方案。

本研究采用 CALCD，使用 CALCA 工具，借鉴 UCSB Automotive Energy and GHG 模型，评价对象为一辆行驶 15 万 km 的纯电动乘用车，质量为 1 560 kg。生命周期系统边界包括汽车原材料的生产、零部件的生产阶段、使用阶段和废弃处理等全生命周期阶段。

基准方案的车型为普通钢车身设计方案，在 3 种轻量化设计方案中，在车身的顶盖中采用高强钢、铝合金和碳纤维作为轻量化设计方案，并保证各项性能要求。4 种车型方案的相关设计参数见表 5-11。

表 5-11　4 种材质汽车轻量化方案的相关设计参数

（数据来源：中国汽车技术研究中心数据资源中心）

参数信息	单位	普通钢	高强钢	铝合金	碳纤维
顶盖质量	kg	10.41	8.29	6.67	4.52
减重	kg	N/A	5.58	9.87	12.55
减重百分比	N/A	N/A	20.31%	35.94%	45.69%

① 总能源需求。

本研究同时对比分析了 3 种轻量化方案和基准方案在生产、使用、回收阶段以及全生命周期的总能源需求情况。其中碳纤维方案生产阶段所需要的总能量最多。高强钢方案的总能量需求最低。使用阶段碳纤维方案总能量需求最低。采用了铝合金和高强钢轻量化设计方案也在降低总能量需求上起到了一定的效果。报废阶段铝合金方案可回收能量最多；碳纤维方案在此阶段可回收的温室气体量最少。3 种方案各阶段的能量消耗差异情况如图 5-32 所示。

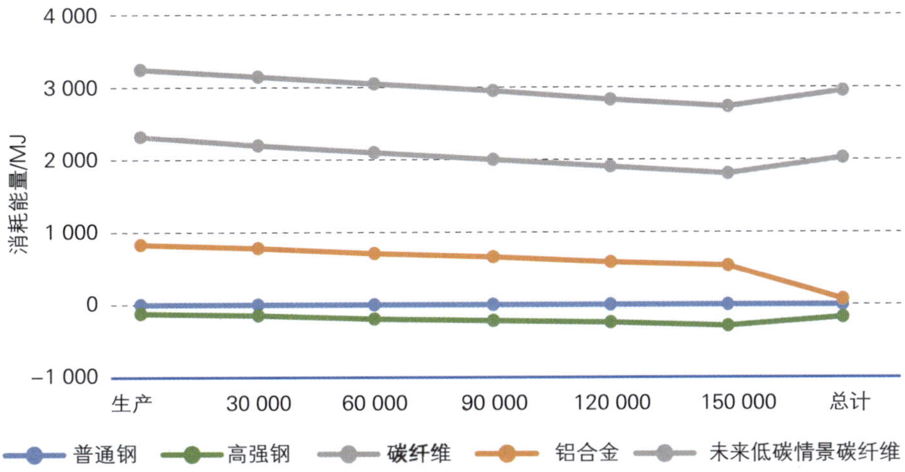

（数据来源：中国汽车技术研究中心数据资源中心）

图 5-32　不同轻量化方案全生命周期消耗能量净变化

② 温室气体排放量。

本研究同时对比分析了 4 种轻量化方案在生产、使用、回收阶段以及全生命周期的温室气体排放情况。其中碳纤维方案在生产阶段的 CO_2 排放量最多。高强钢方案的 CO_2 排放量最低。使用阶段碳纤维方案的温室气体排放量最低，铝合金材料的减重效果仅次于碳纤维。报废阶段铝合金方案的可回收的温室气体排放量最多，碳纤维方案在此阶段可回收的温室气体量最少。

3 种方案车辆各阶段的排放量差异情况如图 5-33 所示。

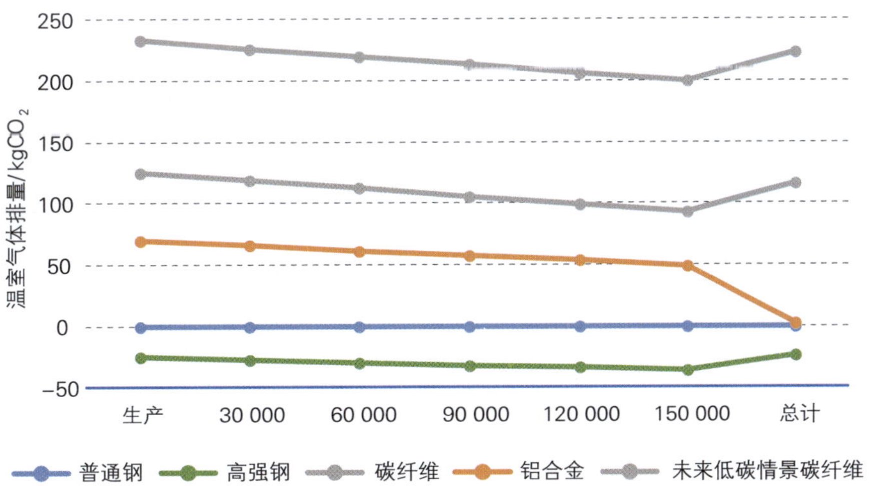

（数据来源：中国汽车技术研究中心数据资源中心）

图 5-33　不同轻量化方案生命周期温室气体排放净变化

第 6 章 汽车绿色供应链发展现状

6.1 我国汽车绿色供应链政策现状与进展

1996 年美国密歇根州立大学制造研究协会首次提出绿色供应链的概念，又称环境意识供应链或环境供应链，是一种在整个供应链中综合考虑环境影响和资源效率的现代管理模式，它以绿色制造理论和供应链管理技术为基础，涉及供应商、生产厂、销售商和用户，其目的是使得产品从物料获取、加工、包装、仓储、运输、使用到报废处理的整个过程中，对环境的影响（副作用）最小，资源效率最高。

2016 年 9 月 20 日，工信部发布了《关于开展绿色制造体系建设的通知》，提出绿色制造体系建设主要包括：绿色工厂、绿色产品、绿色园区、绿色供应链、绿色制造标准体系、绿色制造评价机制和绿色制造服务平台等。其中《绿色供应链管理评价要求》（以下简称《要求》）明确了绿色供应链管理的内涵、关键环节以及评价方法。

《要求》中指出绿色供应链是将环境保护和资源节约的理念贯穿于企业从产品设计到原材料采购、生产、运输、储存、销售、使用和报废处理的全过程，使企业的经济活动与环境保护相协调的上下游供应关系。推行绿色供应链管理的目的是发挥供应链上核心企业的主体作用，一方面，做好自身的节能减排和环境保护工作，不断扩大对社会的有效供给；另一方面，引领带动供应链上下游企业持续提高资源能源利用效率，改善环境绩效，实现绿色发展。绿色供应链管理范围：按照产品生命周期要求，对设计、采购、生产、物流、回收等业务流程进行管理，其中涉及供应商、制造企业、物流商、销售商、最终用户以及回收、拆解等企业的协作。

同时，《要求》中明确了企业绿色供应链管理包括确立可持续的绿色供应链管理战略、实施绿色供应商管理、强化绿色生产、建设绿色回收体系、搭建绿色信息收集监测披露平台等 5 个关键环节。

《要求》还规定了绿色供应链管理的评价方法。企业绿色供应链管理评价由第三方组织实施。绿色供应链管理评价指标体系包括绿色供应链管理战略指标、绿色供应商管理指标、绿色生产指标、绿色回收指标、绿色信息平台建设指标、绿色信息披露指标 6 个方面。经评价绿色供应链管理指数大于 80 分（含等于）的企业，认定为“卓越绿色供应链管理企业”，优先享受国家各项支持政策。具体见表 6-1 所列。

表 6-1　企业绿色供应链管理评价指标体系

一级指标	序号	二级指标	单位	最高分值	指标类型
绿色供应链管理战略 X1	1	纳入公司发展规划 X11	—	8	定性
	2	制定绿色供应链管理目标 X12	—	6	定性
	3	设置专门管理机构 X13	—	6	定性
实施绿色供应商管理 X2	4	绿色采购标准制度完善 X21	—	4	定性
	5	供应商认证体系完善 X22	—	3	定性
	6	对供应商定期审核 X23	—	3	定性
	7	供应商绩效评估制度健全 X24	—	3	定性
	8	定期对供应商进行培训 X25	—	3	定性
	9	低风险供应商占比 X26	%	4	定量
绿色生产 X3	10	节能减排环保合规 X31		10	定性
	11	符合有害物质限制使用管理办法 X32	—	10	定性
绿色回收 X4	12	产品回收率 X41	%	5	定量
	13	包装回收率 X42	%	5	定量
	14	回收体系完善（含自建、与第三方联合回收）X43	—	5	定性
	15	指导下游企业回收拆解 X44	—	5	定性
绿色信息平台建设 X5	16	绿色供应链管理信息平台完善 X51	—	10	定性
绿色信息披露 X6	17	披露企业节能减排减碳信息 X61	—	2.5	定性
	18	披露高、中风险供应商审核率及低风险供应商占比 X62	—	2.5	定性
	19	披露供应商节能减排信息 X63	—	2.5	定性
		发布企业社会责任报告（含绿色采购信息）X64	—	2.5	定性

汽车行业将在《要求》规定的总体框架下，建立契合行业发展现状的汽车绿色供应链评价要求。

6.2　我国汽车绿色供应链标准现状

《制造企业绿色供应链管理导则》解读如下。

2016 年 4 月 19 日，全国绿色制造技术标准化技术委员会在北京组织召开了制造企业绿色供应链管理国家标准研讨会。会议中全国绿色制造技术标准化技术委员会介绍了《制造企业绿色供应链管理导则》（以下简称《导则》）的研制情况。《导则》旨在贯彻落实《中国制造 2025》，明确制造企业绿色供应链管理原则、框架和基本要求，将产品生命周期、生产者责任延伸理念和绿色制造要求融入制造企业供应链管理系统，为全面推进绿色制造、构建绿色制造体系、打造绿色供应链提供支撑。

该标准于 2012 年 8 月开始起草工作，2016 年，针对标准名称和范围进行调整，在征求电子、汽车企业及有关单位意见后，对标准范围和主要内容进行了补充、完善和修改，形成标准征求意见稿。

标准采用过程管理方法，管理建立在 ISO9000 质量管理体系基础之上，将产品的绿色特性当作产品的质量特性进行管理，遵循管理的“PDCA”模式，降低标准实施的难度，其主要内容包括以下几个方面。

① 目的和范围：明确绿色供应链管理的目的、产品生命周期过程、供应链管理框架及管理的范围。将产品 / 物料及其制造过程中的绿色性纳入绿色供应链管理范围。

② 总体要求：提出管理体系、程序及管理职责等要求，进一步完善供应链各个环节的绿色性要求，增加对产品 / 物料回收利用、环境信息等要求；

③ 策划与实施：重点内容包括物料绿色属性识别、确认，供应商管理，过程控制及文件要求等，各行业（或企业）可根据各自行业及产品特点，制定行业标准或细化相关要求。

2016 年年底，该标准已经报批，预计 2017 年发布。

6.3 国外汽车绿色供应链政策法规现状与进展

1. 欧盟绿色供应链政策法规

（1）绿色采购

欧盟绿色供应链政策的核心是绿色公共采购，强调应采购环保产品用于生产制造，力争将环境污染降到最低。绿色采购不仅能够实现节能减排，更能引导企业设计研发绿色产品。

据分析，2009-2010 年间的 23 万份、总价值为 1 175 亿欧元的公共采购合同，有 55%至少符合一项核心绿色采购标准，其中 26%完全符合核心绿色采购标准。可见，绿色公共采购已经在欧盟广泛实施，并激励企业加大绿色技术创新力度，为环境友好型产品及服务提供了广阔的市场。

（2）绿色物流

20 世纪 80 年代，欧盟就开始探索联盟型或者合作型的物流新体系，旨在实现原始供应商与最终消费者之间物流和信息流的整合，即在商品流通过程中，通过不断加强企业间的合作，改变原来企业间分散物流的管理方式，实现物流效率的大幅提升，减少无序物流对环境的影响。为了提高欧洲各国之间的物流效率，推动物流体系的标准化、共享化，全欧铁路系统及欧盟委员会在 21 世纪初提出：要在未来 20 年内，努力建立统一的欧洲铁路体系。欧洲的运输与物流业组织欧洲货代组织（FFE）开展运输、装卸、管理等绿色物流标准的制修订，加强政府、行业协会对绿色物流的引导作用，鼓励企业秉承绿色物流理念开展物流活动，逐步加大对绿色物流技术、设备的研究与应用。

在绿色包装上面，德国按照“谁污染谁付费”的经济环保原则，颁布并实施《包装法》。该法律要求，对于越是难以降解的塑料包装，环境税就越高，这对于约束企业改正不当行为具有重要作用。此外，欧盟颁发的《包装物和废弃包装物的 94/62/EC 指令》规定了涵盖标签、说明书等在内的包装材料中四大重金属（铅、汞、镉及六价铬）的限制使用量，并提出各成员国除了按基本要求来防止包装废物的形成外，还应确保其他防止措施的实施，具体包括国家行动计划、生产者责任延伸行动计划或其他类似行动。

（3）型式认证制度

欧盟对于进口汽车设置了严格的“绿色壁垒”，对境内生产、销售的汽车产品实施型式认证（WVTA）制度。按照 WVTA 制度中环保项目的要求，在欧盟国家销售的全部汽车和零部件，除豁免清单（2008/689/EC）规定的特殊情况以外，其铅、汞、镉等元素的含量必须在限定值以下。只有达到各种环保要求的汽车，才允许进口到欧盟国家进行销售。

欧盟在汽车行业绿色供应链方面的政策法规涵盖了原材料采购、生产、销售、消费等汽车全生命周期整个过程，生产商不得不提升产品的生产技术，提高企业生产链条的绿色化程度。欧盟的上述法规极大地推动了全球汽车行业绿色供应链的建立，并为各国汽车行业供应链的管理提供了宝贵的实践经验。

2. 美国绿色供应链政策法规

（1）绿色采购

美国政府绿色采购发展也相对较早，并逐步建立了一套较为完善的绿色采购制度，积极推动绿色市场的形成和绿色供应链的发展。美国政府绿色采购的总统行政命令有十多条，主要包括《联邦采购、资源回收和防止浪费》《广泛利用生物能源和推广生物基产品》和《通过在环境管理的领导作用绿化政府》等，上述命令将绿色采购细化成可供具体执行的措施。美国政府在采购时要求必须采购符合国家绿色认证标准的产品和服务，特别是当采购金额高于 1 万美元时，必须按照管理控制程序要求，优先采购联邦环保局指定的产品，为此联邦环保局还制定了《全面性采购指导纲要》有关产品的采购目录。

美国政府还通过开展环境优越性采购计划、能源之星计划、电子产品环境评估工具等实践活动，在国内建立了完整的绿色标准和认证体系，以保证绿色采购的顺利实施。同时，综合运用最低价格法、生命周期成本法、价格优惠法、最优价值法等配套措施，推动绿色采购的发展。

（2）绿色物流

在汽车绿色供应链管理中，发展绿色物流不仅是企业应对竞争的需要，还是企业开拓市场的需要，更是企业实现可持续发展战略的需要。

美国在 21 世纪初推出《2000-2005 年交通运输战略规划》，规定要在控制对生态环境、自然环境和人文环境最低危害的情况下发展运输业，走可持续发展道路。运输部在《2025 年国家运输科技发展战略》中提出了建立安全系数高、智能程度高和污染程度小的运输体系的目标。

2003 年年初，美国加利福尼亚州出台了港口“绿色”环保法规及新补充措施，推动了美国物流体系更加高效地运作。美国对集装箱车辆及其他货运汽车在码头出入口外等候时间做了严格控制，全面落实绿色物流理念，大大降低了物流环节对环境的污染。

此外，美国大范围采用信息技术，推动实现绿色物流“降本增效”的目标。美国的交通网络成熟较早，交通费用与整体经济发展基本同步，因此下调空间有限。而在仓储领域中发展绿色物流，强化信息技术、管理软件及自动化的使用，倡导“零库存”理念，有利于减少存储成本，大幅降低物流费用。

在绿色包装上，美国已经有 21 个州颁布了与绿色包装相关的法令：对使用不合格或对环境会造成重大污染的塑料包装的产品规定禁止流通。虽然美国政府尚未出台环境标志相关制度，但是企业间积极实施“绿色十字验证”和“绿色标章”制度。这种环境标识制度在物流过程中，采取多种措施促进包装绿色化，例如，用绿色标志或再生标志提醒使用者在垃圾分类时更好地进行区分，同时也在潜移默化地影响消费者们注重包装的绿色化，转移消费者的消费观念。数据表明，该制度对美国开展绿色包装起到了积极的推动作用。

3. 日本绿色供应链政策法规

（1）设立专项法规

为推动汽车企业开展绿色供应链管理，日本相继出台了以下专项法规。

① 在促进汽车节能方面，日本于1999年修改《节能法》，补充规定车辆的能源利用效率标准，并开始实行能效标识制度“领跑者计划”。“领跑者能效标准”以市场上最优秀产品（电器、汽车）的能耗水平为基准，以此来激励市场创新，带动节能技术的推广，不断追求企业节能的最高标准。此外，政府还为“领跑者计划”的顺利施行提供了完善的制度保障，出台了一系列强制条例、强制规定和通告等对领跑标准作了具体规定，明确要求制造商不断改进设备与生产技术，研发节能环保型产品。

② 在绿色物流方面，日本政府制定了《综合物流施政大纲》，明确要求：根据社会实际情况，物流系统要减轻环境负荷，构建循环型社会。

（2）环境立国与全民参与

2007年，日本在第166次国会上提出了“21世纪环境立国战略的构想”，更加明确了日本经济与环境保护实现“共赢”的可持续发展方向，奠定了日本以后制定各种环境政策的基础。日本制定了相关配套措施，运用环境税、排放量交易、环境报告等手段，加强对企业相关环保活动的管控，促使其进行绿色供应链管理。

6.4 国外汽车绿色供应链标准现状与进展

1. 国际绿色供应链标准

（1）《供应链管理数据载体应用指南》

《供应链管理数据载体应用指南》（ISO TR 17370）规定了符合ISO标准的供应链控制系统的结构，各种数据载体（如条形码、二维码和射频标签）之间的兼容性以及与产品一一对应的方法。指南规定了与供应链相关的各种全球标准的关系，说明了分层供应链网络中的类型和数据结构，规定了供应链分层结构之间的关系，规定了供应链管理中的序列号，指定数据载体上的数据存储，指定每个数据载体所需的数据量。

（2）《供应链安全管理体系规范》

国际标准化组织（ISO）发布了《供应链安全管理体系规范》（ISO 28000）。该标准规定了供应链安全管理体系的要求，包括对供应链安全保障至关重要的方面，包括影响供应链安全的企业所控制或影响的所有活动。该标准适用于从小型企业到跨国企业的所有规模的企业。在生产或供应链的任何阶段的制造、服务、储存或运输中，希望企业能够：① 建立，实施，维护和完善安全管理体系；② 确立符合规定的安全管理政策；③ 证明本企业对其他企业遵守安全管理规定；④ 向第三方认证机构认证 / 注册其安全管理体系；⑤ 自行评估和声明符合本国际标准。

2. 美国绿色供应链标准

（1）《供应链风险管理指南》

美国汽车工程师学会 2014 年 12 月发布了《供应链风险管理指南》（SAE ARP9134）。规定供应链风险管理（SCRM）可以应用于供应链各环节内所有采购产品和服务的保护。

该标准将质量作为重要的风险评估因素，综合考虑与质量管理相关业务的各个环节。在传统风险评估中质量是评估的关键因素，但其他因素在最小化风险方面也起着重要的作用。该准则将这些风险因素定义为考虑因素，将业务保护工具 SCRM 用于识别风险，降低在新供应商和现有供应商开发新业务时的风险。同时，也可以用于评估现有的供应链网络并确定所需的控制水平。

汽车行业依赖于一个复杂的供应商网络，每个供应商都面临着可能危及供应业务的不同风险。由于供应商网络越来越复杂，能够及早识别和管理可能影响产品质量的供应链风险变得越来越必要。供应链风险意识应成为商业文化的一部分。该标准可用作“备忘录”，以补充用户现有的风险管理理念。执行指南的每个企业可以将其应用于自己选定 / 分类的供应商，并根据需要选择要评估的风险因素和相关要素。

6.5　2016 年我国汽车绿色供应链行业发展现状

经济全球化、合作伙伴关系、制造全球化、信息技术进步及管理思想的创新，使得竞争的方式也发生了不同寻常的转变。现在的竞争主体，已经从以往的企业与企业之间的竞争转向供应链与供应链之间的竞争。因此，汽车行业供应链存在着以下特点。

① 供应链上各成员企业关系十分密切。供应商提供制造商所需的各种汽车零部件及原材料，同时各企业之间共享信息、知识、技术，制造商根据客户需求与其他企业共同设计研发新产品。

② 供应链物流的专业化、社会化。从原材料及零部件的供应，制造商将产品运至各经销商直至送达客户，到后期回收商的回收处理，都需要建立系统化及快速便捷的物流体系，以快速响应客户需求，提高满意度。

③ IT 技术的广泛应用。互联网和商品化的 Web 应用系统为汽车企业的发展提供了更多的方法和工具，在线销售、电子化采购、CRM、物联网及应用条码技术等 IT 技术手段能够快速响应顾客需求，以不断提高顾客的满意度。

④ 汽车制造商是供应链中的核心企业。制造商是管理与物流调度的核心，职责包括信息的集成、传递，产品研发、制造、装配，不仅带动上游供应商的物料供应，也能推动下游分销商的产品分销以及提高顾客满意度。

为此，汽车供应链以汽车制造商为核心企业，通过与链中成员企业的分工与合作，共同开发产品，形成长久合作的网链组织结构，通过信息的共享及交换功能，专业化的物流功能和业务流程，使得链中成员企业能够及时获取信息并做出及时响应，以不断提高顾客满意度。

目前国内汽车生产企业在绿色供应链管理实践中水平参差不齐，部分企业已经拥有丰富的经验，结合自身企业特点，积极打造绿色供应链，推动了企业的发展，极大提高了企业的竞争力。

以某企业为例，不仅自身积极践行“绿色制造”，还主动发挥龙头作用，把绿色思想向上下游企业拓展延伸，大力打造“绿色供应链”，带动并促进上、下游共行绿色之道，分享绿色制造成果，共创环保产业生态系统。所有基地都遵循统一要求打造“绿色供应链”，依据绿色规范对供应商的厂房设施、生产场所以及工艺过程进行严格的审查，并且出人与出力，帮助供应商提升技术，促使供应商履行节能减排降耗目标。

其绿色供应商在 2008 年发展至 40 家，两年后得到世界环境中心认证的绿色供应商达到 126 家。到 2015 年，已带动超过 300 家通过 ISO14001 认证的供应商加入绿色供应链体系。

而部分企业仍保持经济利益最大化的错误观念，一方面，部分企业未大力打造绿色供应链，造成诸多问题，例如厂区污染严重、资源能源利用率低、没有建立绿色采购机制、物流系统杂乱无章等；另一方面，部分企业没有建立合理的监管机制，虽然制订了绿色供应链建设计划，但没有配备相应人员进行核查，使得绿色供应链建设工作成为纸上谈兵。这些问题都直接影响着企业的生产效率，令企业的环境形象大打折扣。

随着汽车绿色供应链试点示范的不断推进，汽车行业绿色供应链体系将逐步建立并日趋完善。

6.6 汽车绿色供应链建设先进模式

1. 供应商管理

（1）与核心供应商建立战略合作关系

所谓核心供应商，是指对企业产品质量、成本等有很大影响甚至起到关键作用的供应商。对于这类供应商，企业需要考虑与其建立战略合作关系，共同应对环境问题乃至合作建立环境领先战略。对于战略合作的核心供应商，企业需要强调供应商与其在企业文化与经营理念上对环境保护的认同，这是实现面向绿色采购供应链上、下游企业之间形成战略伙伴关系的基础。

（2）对非关键供应商提供环境帮助

所谓非关键供应商，是指对质量、成本等的影响并没有像核心供应商那么重要，但是对于提供材料或者产品的供应商数量有限的供应商。对于这类供应商，由于企业选择余地有限，需要结合供应商的实际困难，帮助供应商改善乃至制定环境友好生产计划，确保供应商的生产环境达到绿色标准。

2. 绿色营销

绿色营销是在高效的市场营销基础上，对营销活动进行绿色升级。实现绿色营销，汽车制造企业应做到以下几个方面：① 对绿色产品进行大力宣传，树立企业的绿色形象，带动社会的绿色消费；② 收集绿色消费信息，为企业实施绿色供应链管理提供参考资料；③ 尽量缩短分销渠道，提高渠道利用效率，减少分销过程中的环境污染和资源消耗；④ 加强网络营销，随着网络的发展及交易体系的不断完善，网络营销将有较好的发展前景，而且符合环保的原则；⑤ 注重售后服务，建立完善的回收渠道。

3. 绿色物流

汽车制造企业的生产运营过程中，涉及物流运输的业务较多，绿色物流是汽车企业实施绿色供应链管理的重要组成部分。实现绿色物流，主要应做到以下两点：① 通过合理规划网点及配送中心，优化配送路线，有效利用车辆，提高往返载货率，尽量采用污染较小的绿色运输工具；② 提升绿色物流技术，如物流机械化、物流自动化、物流信息化及网络化等，从技术方法上保障绿色物流的实施。绿色物流是企业实施绿色供应链管理的有力支撑，通过实施绿色物流，不仅有利于环境保护，而且可以为企业带来时间成本和资金成本的节约。

第 7 章
汽车绿色工厂发展现状

7.1 我国绿色工厂相关政策制定情况及进展

1.《清洁生产审核办法》

2003 年实施的《清洁生产促进法》(以下简称《促进法》)明确了清洁生产审核制度的法律地位，2004 年实施的《清洁生产审核暂行办法》（以下简称《审核暂行办法》）是关于清洁生产审核制度实施的专项法规文件，规定了清洁生产审核的审核范围、实施、组织和管理、奖励和处罚要求，指导全国清洁生产审核的实践，取得了明显的效益。

2012 年《促进法》修改法律条款明确规定要制定实施清洁生产审核的具体办法。2016 年 5 月，《清洁生产审核办法》（以下简称《审核办法》）正式发布，主要亮点包括以下几个方面。

亮点一：精准确定了清洁生产审核概念的内涵。清洁生产审核也称清洁生产审计，强调的是通过一整套系统科学的程序和方法，重点对企业的生产过程进行污染预防的分析和评估，从而发现问题，提出解决方案，并通过清洁生产方案的实施在源头减少或消除废弃物的产生。

亮点二：理顺了清洁生产审核管理机制。审核实施部分体现了对清洁生产审核企业进行分类管理思路、精准定位清洁生产管理部门的职责，减少条块交叉，提高管理效率。

亮点三：明确了清洁生产审核评估验收制度的重点内容。《审核办法》的第 20~25 条针对清洁生产审核评估验收制度做出了相关规定。

亮点四：强调了清洁生产技术咨询服务能力建设要求。《审核办法》在鼓励咨询服务机构积极开展清洁生产审核咨询服务的同时，进一步明确了咨询服务机构的能力要求。

2.《重点行业挥发性有机物削减行动计划》（2016-2018 年）

为贯彻落实《中国制造 2025》（国发〔2015〕28 号）和《大气污染防治行动计划》（国发〔2013〕37 号），加快推进落实《绿色制造工程实施指南》，推进促进重点行业挥发性有机物削减，提升工业绿色发展水平，改善大气环境质量，提升制造业绿色化水平。工信部联合财政部印发了《重点行业挥发性有机物削减行动计划》（以下简称《行动计划》），将汽车、印刷等 11 个行业列为重点行业，计划通过 3 年时间，削减挥发性有机物 330 万吨。此外，《行动计划》中指出，下一步将重点组织有关行业协会，抓紧制定 VOCs 削减重点行业相关产品的绿色设计评价标准，将 VOCs 的替代和减量化作为绿色设计产品的重要评价指标。指导企业开展绿色设计产品评价试点，发布一批 VOCs 削减重点行业的绿色设计产品，加大宣传力度，引导消费者购买绿色设计产品，强化绿色消费意识。目前，《汽车行业挥发性有机物削减路线图》正在编制，通过制定削减目标，明晰行业减排技术路线，推进先进的环保技术及装备，提升行业绿色发展水平。

3.《绿色工厂评价要求》

工信部于 2016 年 9 月 20 日印发了《关于开展绿色制造体系建设的通知》(以下简称《通知》)。绿色制造体系建设主要包括：绿色工厂、绿色产品、绿色园区、绿色供应链、绿色制造标准体系、绿色制造评价机制和绿色制造服务平台等。绿色工厂是绿色制造体系建设的重要内容。绿色工厂是制造业的生产单元，是绿色制造的实施主体，属于绿色制造体系的核心支撑单元，侧重于生产过程的绿色化。

《通知》中包括《绿色工厂评价要求》（以下简称《要求》），《要求》内容分为总则、评价指标和建设内容 3 部分。总则部分规定了评价指标框架、评价依据以及评价方式；评价指标部分给出了一般要求、基础设施、管理体系、能源资源投入、产品、环境排放、绩效 7 个一级指标的具体指标；建设内容部分则指明绿色工厂建设的重点在于基础设施、管理体系、能源与资源投入、产品评价指标、环境排放以及环境绩效 6 个方面。

绿色工厂应在保证产品功能、质量以及制造过程中员工职业健康安全的前提下，引入生命周期思想，满足基础设施、管理体系、能源与资源投入、产品、环境排放、环境绩效的综合评价要求。绿色工厂评价指标框架如图 7-1 所示。

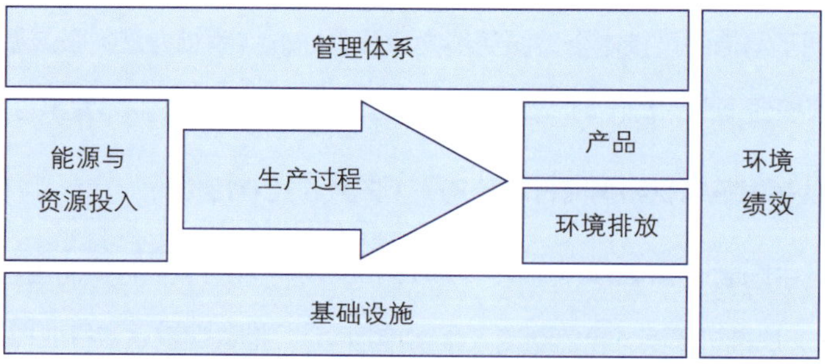

图 7-1　绿色工厂评价指标框架

4.《台湾绿色工厂标章制度》

2010 年 12 月台湾地区行政管理机构发布智慧绿建筑推动方案，指示台湾地区行经济管理机构工业局将“建立智慧绿色工厂标章制度”纳入推动议程，建立绿色工厂标章制度，协助产业顺应全球绿色新政发展。

按照智慧绿建筑推动方案的内容，绿色工厂标章制度审查项目包括建筑工程与清洁生产两大面向，兼顾工厂软、硬件两方面环境效益的评估。

台湾地区行经济管理机构工业局已于 2016 年 1 月 12 日颁布绿色工厂标章推动工作要点，并鼓励企业自愿性取得绿色工厂标章，以顺应国际环保规范及国际大厂绿色采购规范的要求。

绿色工厂标章制度结合绿色建筑及清洁生产两个评估系统，其框架如图 7-2 所示。根据绿色工厂标章内涵，工厂厂房建筑物取得内政部绿色建筑标章，且生产营运管理通过工业局清洁生产评估系统评估，即符合绿色工厂标章资格。

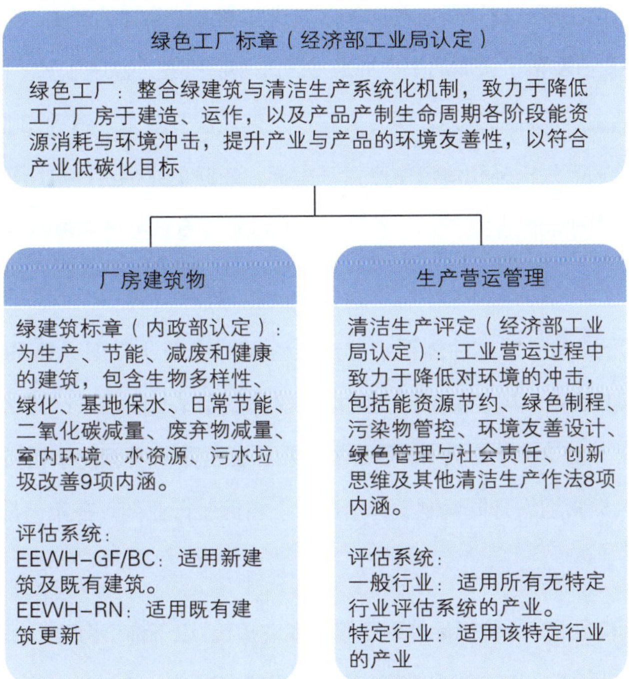

图 7-2　绿色工厂标章制度框架与内涵

为配合推动绿色工厂标章，提升工厂厂房建筑的环境效益及鼓励既有建筑物更新改造，台湾当局内政主管部门已完成“绿色厂房评估系统（EEWH-GF）”及“绿色建筑更新评估系统

（EEWH-RN）”。EEWH-GF 适用于新厂房，在厂房设计阶段，就需要导入评估系统进行评估。厂房设计中需要考虑的各指标包括生态、节能、减废与健康等四大范畴，涵盖九大指标，各指标分数总和若达到合格，则可取得绿建筑 EEWH-GF 标章；而 EEWH-RN 适用于已有厂房，针对既有建筑物工厂可选用“性能效益”或“减碳效益”方式进行评估，若满足其改善率要求（5 %以上），则可取得绿建筑 EEWH-RN 标章。

除了工厂厂房建筑物取得绿色建筑标章，工厂运营管理部分需通过工业局清洁生产评估系统符合性评定，取得清洁生产证书，工业局即可针对绿色建筑标章及清洁生产证书所列地理范围重叠区域授予绿色工厂标章使用权。

7.2 我国汽车清洁生产标准制定情况及进展

1.《清洁生产标准—汽车制造行业（涂装）》

为贯彻《中华人民共和国环境保护法》和《中华人民共和国清洁生产促进法》，指导和推动涂装行业依法实施清洁生产，提高资源利用率，减少和避免污染物的产生，保护和改善环境，我国于 2006 年 8 月 15 日发布了《清洁生产标准—汽车制造行业（涂装）》（HJ/T293-2006）。指标体系将涂装清洁生产指标细分为 5 类，即生产工艺及设备要求、资源和能源消耗指标、资源综合利用指标、污染物产生指标和清洁生产管理指标。依据企业综合评价所得分值将清洁生产等级划分为 3 级：I 级为国际清洁生产领先水平；II 级为国内清洁生产先进水平；III 级为国内清洁生产基本水平。

为完善清洁生产技术支撑文件体系，加快推进清洁生产评价指标体系的整合编修进程，2014 年 9 月，国家发改委、环境保护部、工信部研究制定了《清洁生产评价指标体系制（修）订计划（第一批）》，在 2014 年第 16 号公告发布。公告要求各编制单位按照《清洁生产评价指标体系编制导则》抓紧组织开展编制工作，同时，将涂装行业列入在第一批清洁生产评价指标制定计划当中。

目前，涂装行业清洁生产评价指标体系已修订完成初稿（以下称“修订版涂装清洁生产标准”）。各项指标均比现行的 HJ/T 293-2006《清洁生产标准汽车制造业（涂装）标准》（以下称“现行版涂装清洁生产标准”）要求大幅度提升，除 VOCs 外，耗新鲜水量、总磷产生量、危废排放量、综合能耗等指标都需要加强控制。

现行版清洁生产标准与修订版清洁生产标准指标要求对比见表 7-1。与现行版涂装清洁生产标准对比，修订版不再区分具体工艺（nCnB），只区分了商用车和乘用车，更注重环保结果。本次修订主要体现在 3 个方面：废除的指标、提升要求的指标、新增的指标。

废除的指标：废水产生量、耗电量、废渣产生量不再做要求。

提升要求的指标：VOCs 产生量、耗新鲜水量、单位面积 CODcr 产生量、单位面积总磷产生量，指标要求更加严格。耗新鲜水量指标在修订版中，单位由原 m^3/m^2 改为 L/m^2。

VOCs 产生量的定义发生变化：现行标准规定“有机溶剂产生量是指涂装单位面积产品产生的有机溶剂量”，指未经过净化设施处理前的含量。修订版标准则规定“单位面积 VOCs 产生量是指净化设施处理后出口的含量”，且要求至少溶剂型清漆有 VOCs 净化设施，其净化效率 ≥ 90%。因此，修订版标准实施后，无论是水性漆还是溶剂漆的清漆喷涂段均需配备 VOCs 净化设施。

新增的指标：单位面积的危险废物产生量、单位面积综合耗能（$kgce/m^2$）。其中，单位面积的危废产生量代替漆渣产生量，单位面积综合能耗代替耗电量，涵盖内容更全面、更合理。

表 7-1　现行版与修订版涂装清洁生产指标对比

清洁生产指标	现行版	修订版		
	II 级标准	I 级标准	II 级标准	III 级标准
单位面积 VOCs 产生量 /（g/m^2）	≤ 60	20	25	35
耗新鲜水量 /（m^3/m^2）	≤ 0.2			
耗新鲜水量 /（L/m^2）		6	10	20
废水产生量 /（m^3/m^2）	≤ 0.18			
单位面积 CODcr 产生量 /（g/m^2）	≤ 150	4.8	8.0	16.0
单位面积总磷产生量 /（g/m^2）	≤ 10	0.3	0.4	0.6
漆渣产生量 /（g/m^2）	≤ 50			
危险废物产生量 /（g/m^2）	—	12	16	30
耗电量 /（kWh/m^2）	≤ 23			
单位面积综合能耗 /（$kgce/m^2$）	—	0.9	1.1	1.2

注：表中没有数据的项为不再要求的指标。

2.《绿色工厂评价通则》

2016 年 7 月，国家标准化管理委员会下达了 20160854-T-469《绿色工厂评价通则》的编制计划，拟建立符合产业发展需求的绿色工厂评价模型，以现有相关评价指标和要求为基础，以综合性、系统性为原则，给出绿色工厂的综合性评价指标和要求。

标准主要内容本标准设置 11 个章节。

① 范围。明确标准的适用范围。

② 规范性引用文件。详细列出本标准使用时所涉及的规范性文件。

③ 术语和定义。对绿色工厂、绿色产品等术语和定义做出规范。

④ 基本要求。对绿色工厂评价体系框架、基础合规性与相关方要求、管理职责等做出规范。

⑤ 基础设施。对建筑、照明、设备等做出规范。

⑥ 管理体系。对质量管理体系、职业健康安全管理体系、环境管理体系、能源管理体系等提出要求。

⑦ 能源与资源投入。对能源投入、资源投入、采购等内容提出要求。

⑧ 产品。对产品的生态设计、有害物质限制使用、节能、碳足迹、可回收利用率等内容做出要求。

⑨ 环境排放。对工厂的大气污染物、水体污染物、固体污染物、噪声、温室气体等提出要求。

⑩ 绩效。对用地集约化、原料无害化、生产洁净化、废物资源化、能源低碳化等给出了具体内容。

⑪ 评价方法。对评价要求和评价方式进行了规范。

3.《台湾绿色工厂标章制度》——清洁生产评估系统评价指标

台湾参考国际环境绩效评估标准（ISO14030）、全球永续发展报告书（GRIG3）等国际标准规范，发展建立清洁生产评估系统。清洁生产评估系统旨在评估工厂营运管理的清洁生产落实程度，故指标架构包括：生产制造、环境化设计、绿色管理及社会责任、绿色创新及其他等四大范畴，依评分的必要性可区分为必要指标和选择性指标；根据指标量测的属性可区分为定性指标和定量指标。就定量指标制定目的，一般行业清洁生产评估系统是评估厂商自身的改善进步程度，至少需要两个年度的工厂营运数据（包括年度能资源使用量和污染物产生量等），才能由相关指标数据计算得分。而特定行业评估系统已建立产业基准值，厂商是与产业标杆比较，至少需要完整 1 年度工厂营运数据和产业基准值比较。表 7-2 为一般行业清洁生产评估系统指标架构比较。

表 7-2 一般行业清洁生产评估系统指标架构比较

一阶指标	二阶指标	一般行业清洁生产评估系统		半导体业（IC 制造）清洁生产评估体系		指标类型	
		三阶指标	配分	三阶指标	配分		
生产制造	能资源节约	原物料使用量	2	单位产品原物料使用量	3	定量指标	必要性指标
		再生原料使用率	2	—	—		
		能源消耗量	3	单位产品能源消耗量	4		
		能源回收率	2	—	—		
		水资源耗用量	2	单位产品水资源耗用量	8		
		废水回收率	2	废水回收率	8		
		事业废弃物产生量	2	单位产品事业废弃物产生量	8		
		事业废弃物回收再利用率	2	事业废弃物回收再利用率	8		
		温室气体排放量	3	单位产品温室气体排放量	8		
	绿色制程	厂家流程管理有效性	6	厂房流程管理的有效性	3	定性指标	
		采用清洁生产制程技术	8	采用相关清洁生产制程技术	3		
	污染物产生及管末处理功能	事业废弃物妥善处理	3	事业废弃物妥善处理	4		
		管末处理设备能力及设备异常处理机制	3	管末处理设备能力及设备异常处理机制	3		
环境化设计	环境友善设计	采用物质节约设计	4	采用物质节约设计	2		
		采用节能设计	6	采用节能设计	2		
		采用零件易拆解设计	3	—	—		
		采用废弃物减量设计	4	采用废弃物减量设计	2		
		采用可回收再利用设计	4	采用可回收再利用设计	2		
绿色管理及社会责任	绿色管理	危害物质管制措施	8	危害物质管制措施	4	定性指标	必要性指标
		通过国际管理系统认证	4	通过国际管理系统认证	2		
		自愿性温室气体制度导入	6	自愿性温室气体制度导入	4		
		与利害关系人沟通	3	与利害关系人的沟通	2		
		绿色供应链管理	4	绿色供应链管理	2		
		绿色采购管理	3	绿色采购管理	2		
		—	—	环境会计	2		
		—	—	环保法规符合性	4		
	社会责任	员工作业环境	4	员工作业环境	2		
		永续信息建置与揭露	4	永续信息建置与揭露	2		
		绿色经验成果分享与促进	3	绿色经验成果分享与促进	4		

（续表）

<table>
<tr><th rowspan="2">一阶指标</th><th rowspan="2">二阶指标</th><th colspan="2">一般行业清洁生产评估系统</th><th colspan="2">半导体业（IC 制造）清洁生产评估体系</th><th colspan="2" rowspan="2">指标类型</th></tr>
<tr><th>三阶指标</th><th>配分</th><th>三阶指标</th><th>配分</th></tr>
<tr><td rowspan="7">创新及其他</td><td rowspan="4">创新思维</td><td>去物质化创新作法</td><td>2</td><td>—</td><td>—</td><td rowspan="7">定性指标</td><td rowspan="7">选择性指标（加分项目）</td></tr>
<tr><td>去毒化创新作法</td><td>2</td><td>去毒化创新作法</td><td>1</td></tr>
<tr><td>去碳化创新作法</td><td>2</td><td>去碳化创新作法</td><td>1</td></tr>
<tr><td>其他促进环境永续</td><td>2</td><td>其他促进环境永续</td><td>2</td></tr>
<tr><td rowspan="3">其他（范例）</td><td>自行举例</td><td>1</td><td>自行举例</td><td>2</td></tr>
<tr><td>自行举例</td><td>1</td><td>自行举例</td><td>2</td></tr>
<tr><td>—</td><td>—</td><td>自行举例</td><td>2</td></tr>
</table>

7.3 国外清洁生产相关规范以及政策情况及进展

1. 德国清洁生产法律制度

德国政府公布了《环境规划方案》，开始启动了一系列的环境政策法规，通过了《废弃物处理法》《排放控制法》《循环经济和废物管理法》《能源节约法》《可再生能源法修正案》《联邦控制大气排放条例》《能源节约条例》等法律，以促进企业在清洁生产、环境保护方面的提升。

德国颁布的《循环经济和废物管理法》是德国发展循环经济促进清洁生产的最具代表性的法律。在废物管理上，确立了循环经济原则：避免产生—循环使用—最终处置。该法规定，所有的企业必须有分离垃圾的装置，废纸、玻璃、塑料以及金属等垃圾要分开，以保证它们得到最大程度的再利用。在通过法律明确了自己在维持循环经济发展上所负责任的情况下，德国企业已把发展循环经济作为与自身发展休戚相关的事情。在《循环经济和废物管理法》的框架下，德国结合各行各业的不同特点，分别制定了促进各行业废物再利用的法规，以提升废旧资源循环利用率。

《节约能源条例》对新建建筑、现有建筑和供暖、热水设备的节能进行了规定，制定了新建建筑的能耗新标准，规范了锅炉等供暖设备的节能技术指标和建筑材料的保暖性能等，实现能耗逐渐下降的目标，后续根据发展情况，不断对该法进行修改。

为主导德国实现低碳转型，德国通过欧盟气候变化行动计划（ECCP）、德国国家能源效率行动计划（EEAP）、德国能源与气候一揽子计划（IECP），作为中长期的低碳转型行动计划。以分阶段制定节能减排目标的方式来实现不同时期的减排定量控制。其中 ICEP 指出，该计划的实施，将能促使 2020 年相比 1990 年温室气体排放总量降幅超过 36%，以为实现 2020 减排 40% 的目标做出重要贡献。德国的环保治理、清洁生产主要是通过政府投资和改革完善环境税收和收费政策来实现，包括资金支持、财政补贴、价格优惠等多种经济激励机制。

2. 美国清洁生产法律制度

美国国会通过了《资源保护与回收法—有害和固体废物修正案》，提出了“废物最小化”政策。国会还通过了《污染预防法》将污染预防作为一项美国的国策。这是一部从源头防止污染源的排放、实施预防技术（清洁生产）的重要法规，其目的就是要把减少和防止污染源的排放作为全美环境政策的核心，并要求环保局从信息收集、工艺改革、财政支持等方面来支持实施这项政策，以推进清洁生产的发展。《污染预防法》主要有以下申明：只要在可行的情况下，就应在源头防治或减少污染，不能防治的污染应当以环境安全的方式加以回收利用，不能防治或回收利用的污染物应当以对环境安全的方式处理，处置或以其他方式向环境排放污染物只应作为最后选择，并以对环境安全的方式进行。美国国家环保局发布了“污染预防战略”，通过采取一系列的行动与计划来保障清洁生产，主要内容有：成立污染预防办公室，以协调污染预防活动；建立美国污染预防研究所和信息交换中心，编制污染预防指南和各行业污染预防手册；广泛开展清洁生产示范建设，鼓励企业以创新的方式开展污染预防，并交流、推广取得的经验。

美国在环境立法中通过采取经济支持政策来保障清洁生产：第一，实行严格的政府管制，制定各种排放标准；第二，政府为鼓励治理污染和采用先进工艺而实行财政补贴和低息贷款；第三，实行污染者付费原则；第四，保障污染受害者的合法赔偿权力。《超级基金法》《能源政策法》《清洁水法》和《清洁空气法》均规定了一些有关清洁生产的经济调节制度。

3. 日本清洁生产法律制度

日本环境计划是日本政府根据《环境基本法》制定的有关环保的基本计划。1994 年制定了第一个环境基本计划，提出了循环、共生、参与的环境政策的理念，并以筛选重点主题，建立体系化政策。2000 年制定了第二个环境计划，设定了 11 项战略计划，并制定污染者负担原则、环保效率性、预防性、环境风险等战略方针，形成完全的环保政策以应对各种情况。2006 年制定了第三个环境基本计划，计划以“环境、经济和社会的综合提升”为主题，展望 2050 年，提出了制定超长期目标的设想，并尽可能采用量化指标来进行管理，向企业发出明确的信息要求。

在《环境基本法》的指导下，日本着力发展循环经济、开展清洁生产。出台的相关法律法规包括《废弃物处理法》《资源有效利用促进法》《能源使用合理化法》《促进建设循环型社会基本法》等。

日本制定了《能源合理化利用法》，要求通过采取有效措施来实现工厂、运输、建筑物及设备的能源合理化应用。在工厂治理方面主要包括：燃料燃烧的合理化；加热、冷却以及导热之合理化；废热回收利用、转为热动力过程的合理化；预防因辐射、传导、抵抗等导致的能源流失、电动力、电热等转换过程的合理化。同时，建立了相应的奖惩制度来保障该法的实施。

2006 年，日本政府对《节能法》进行了第六次修订，重点针对工厂领域，在对热能和电力进行分类的条件下，提出了热能和电力一体化的管理要求，变更了能源管理制定工厂的区分，并扩大了义务对象的工厂数量。2008 年的第七次修订，又增加了要求以工厂为单位进行能源管理的同时，对企业的能源管理要求，完善了节能法律体系。

2013 年 3 月，日本政府在内阁会议上通过了《节能法》的修订案，经过修订的《节能法》于 2014 年 4 月开始施行。其中规定，工厂和办公场所年用电量及热能等达到一定程度的企业，必须进行节能；同时，还设定了“单位能耗”平均每年降低 1%以上的目标。企业有义务掌握自身的能源使用情况，并每年向政府提交报告。

7.4　2016 年汽车行业绿色工厂发展现状

7.4.1　企业单车能源消耗量及碳排放

目前，各企业由于设备流程、设备工艺、产能利用率等因素，企业之间单位产品能耗和碳排放存在较大差距。通过对 14 家主流乘用车汽车工厂调研的数据进行分析，得到各企业单车用电量情况（如图 7-3 所示）、单车用天然气情况（如图 7-4 所示）、各企业单车综合能耗情况（如图 7-5 所示）、各企业单车碳排放情况（如图 7-6 所示）。

1. 单车用电量情况

由图 7-3 可得，各企业单车用电量水平参差不齐，平均值约为 510 kWh/ 辆，超过 64% 的企业优于平均水平。先进企业的单车电耗约为 310 kWh/ 辆，比平均水平低约 40%。

2. 单车用天然气情况

由图 7-4 可得，各企业单车用天然气消耗平均水平约为 33 m^3/ 辆，先进企业最优水平为 14 m^3/ 辆，50% 的企业优于平均水平，较差企业单车天然气消耗量是平均水平 1.6 倍左右，可见部分企业存在能源结构差异大、能源消耗量大等问题。

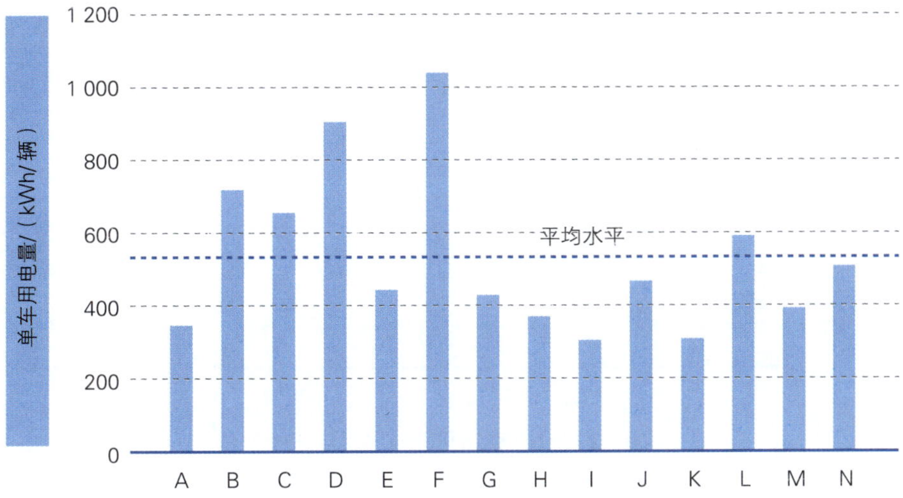

（数据来源：中国汽车技术研究中心数据资源中心）

图 7-3　各企业单车用电量情况

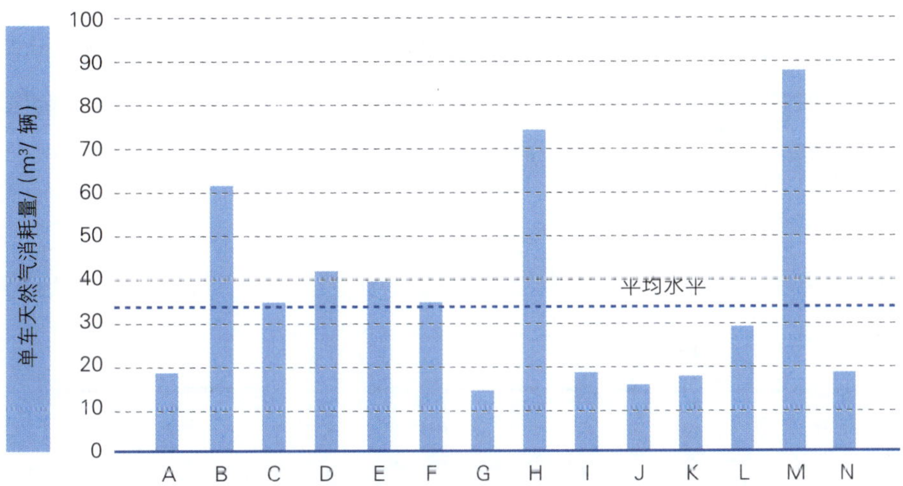

（数据来源：中国汽车技术研究中心数据资源中心）

图 7-4　各企业单车用天然气情况

3. 单车综合能耗情况

图 7-5 为各企业单车综合能耗情况（主要记录为天然气和电力）。企业平均水平约为 110 kgce（千克标煤），仅有 50% 左右的企业能源消耗优于平均水平，企业节能减排潜力较大。最优企业的单车综合能耗仅为平均水平的一半。较差企业的单车综合能耗是最优企业的 1.5 倍左右，可见企业因产能利用率、高效节能设备利用以及管理方式等原因，造成单车综合能耗差距较大。

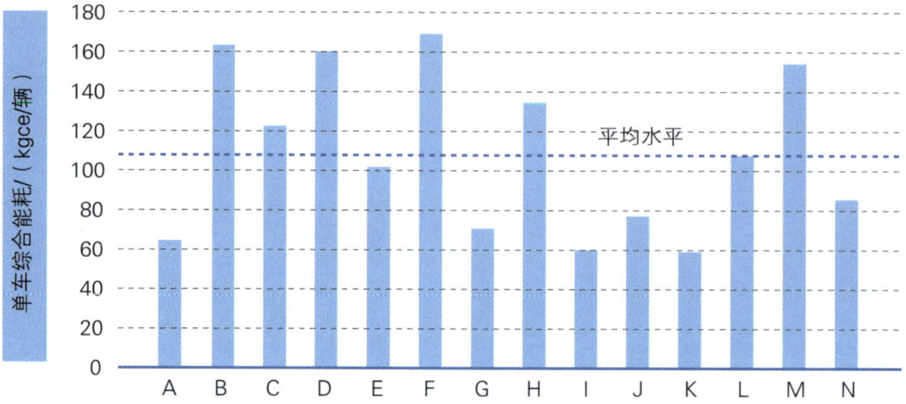

（数据来源：中国汽车技术研究中心数据资源中心）

图 7-5　各企业单车综合能耗情况

4. 单车碳排放情况

图 7-6 为各企业的单车碳排放情况，先进企业的单车碳排放为 321 $kgCO_2$，企业平均水平约为 640 $kgCO_2$，较差企业碳排放水平为 1 087 $kgCO_2$，企业先进水平、平均水平、较差水平差别较大，先进企业的单车碳排放仅为企业平均水平的 50% 左右，比较差企业低 70%。假定按乘用车企业平均年产量 100 万辆计算，每年先进企业可比较差企业减少碳排放约 76 万吨。

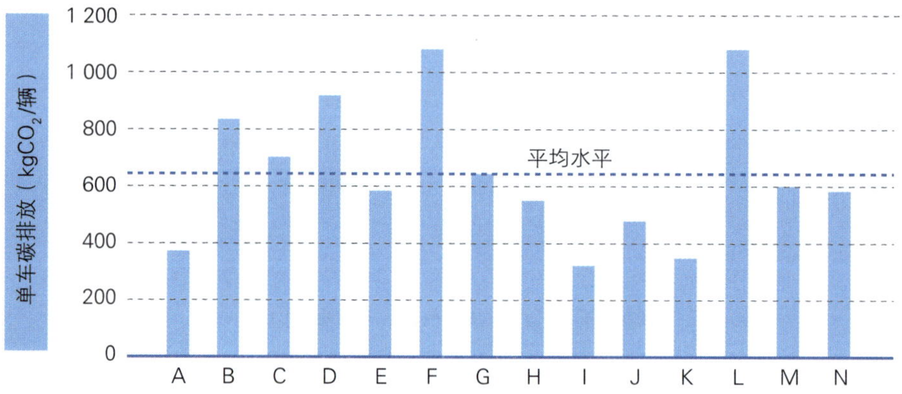

（数据来源：中国汽车技术研究中心数据资源中心）

图 7-6　各企业单车碳排放情况

7.4.2　工序环节能源消耗及碳排放情况

1. 冲压工艺能源消耗情况

冲压工艺能源消耗通常仅为设备用电，图 7-7 是不同冲压工艺单车用电量消耗情况。由图可知，不同企业差距较大，先进企业的冲压工艺单车电耗仅为 9 kWh/ 辆，平均水平约为 32 kWh/ 辆（实线），较差水平为 120 kWh/ 辆。超过 64% 的企业优于平均水平，部分企业远远超于平均水平，节能减排潜力巨大。图中折线为冲压工艺占全部用电的比例，整体范围为 3%~12%，平均占比约为 6.2%（虚线），说明冲压工艺整体用电所占比例较低。

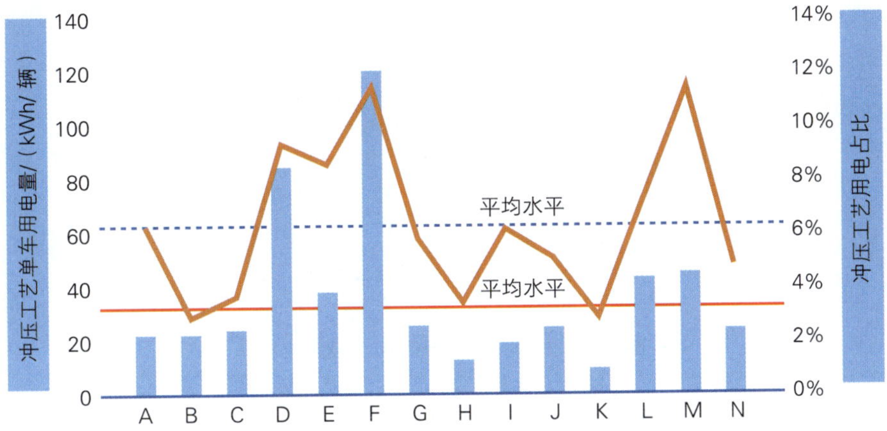

（数据来源：中国汽车技术研究中心数据资源中心）

图 7-7　冲压工艺单车用电量情况

2. 焊接工艺能源消耗情况

图 7-8 是不同企业焊接工艺单车用电量消耗情况。由图可知，先进企业的焊接工艺单车电耗仅为 33 kWh/ 辆，平均水平约为 68 kWh/ 辆（实线），较差水平约为 150 kWh/ 辆。57% 的企业优于平均水平，部分企业与平均水平差距较大。图中折线为焊接工艺占全部用电的比例，整体范围为 8%~24%，各企业占比相差较小，平均占比约为 12.6%（虚线）。总体说来，焊接工艺用电所占比例相对较低。

3. 涂装工艺能源消耗情况

涂装工艺是整车制造过程耗能的最大环节，主要用能为天然气和电能，企业涂装天然气消耗情况如图 7-9 所示。由图可知，先进企业的涂装工艺单车电耗仅为 113 kWh/ 辆左右，平均水平约为 186 kWh/ 辆（实线），较差水平约为 340 kWh/ 辆。较差企业是先进企业的 3 倍左右，是平均水平的 1.8 倍左右。按年产量 100 万量的生产企业进行计算，较差企业达到先进企业的水平每年可节约电能 22 700 万 kWh，达到平均水平每年可节约电能 15 400 万 kWh。57% 企业优于平均水平。图中折线为涂装工艺占全部用电的比例，整体范围为 27%~63%，各企业占比相差较大，主要是由于喷涂工艺及设备等原因造成用能结构不一而引起。平均占比约为 36.8%（虚线），整体而言，涂装工艺用电所占比例相对较大。

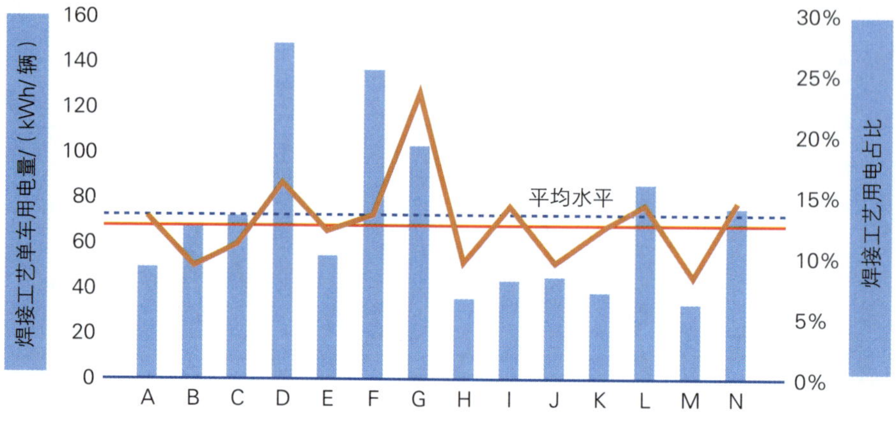

（数据来源：中国汽车技术研究中心数据资源中心）

图 7-8　焊接工艺单车用电量情况

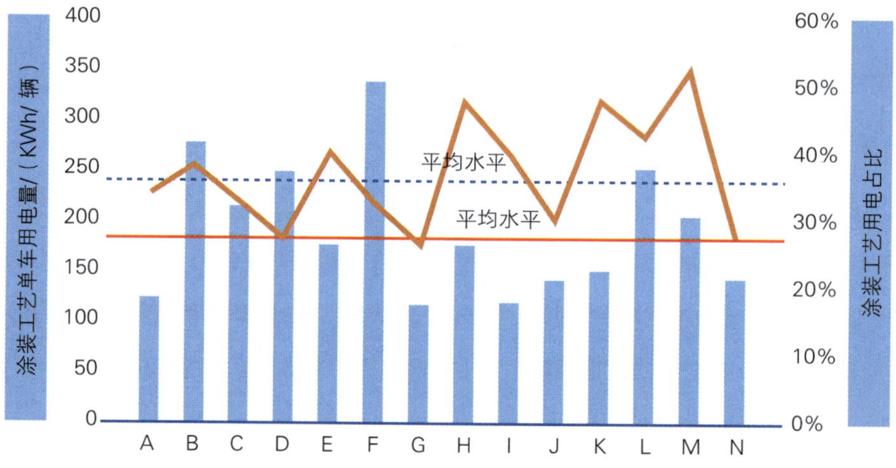

（数据来源：中国汽车技术研究中心数据资源中心）

图 7-9　涂装工艺单车用电量情况

图 7-10 为各企业涂装工艺单车用气量情况，先进企业的单车涂装用气水平约为 12 m^3，企业平均水平约为 27 m^3，较差企业的涂装用气水平为 62 m^3，先进企业涂装用气仅为较差企业的 1/5 左右，尽管企业由于涂装工艺、设备、涂料等原因，天然气消耗量会存在一定的差距，但整体而言，企业在涂装节能方面仍有较大的空间。

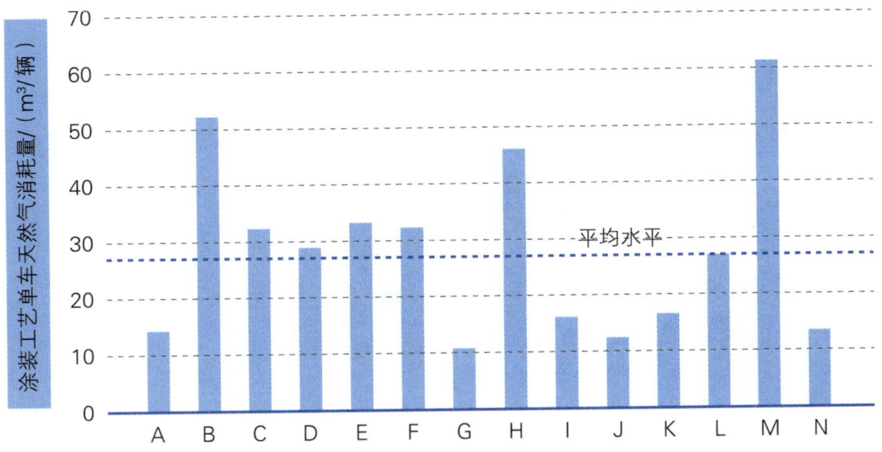

（数据来源：中国汽车技术研究中心数据资源中心）

图 7-10　涂装工艺单车用气量情况

4. 总装工艺能源消耗情况

总装工艺用能主要为设备用电，企业总装工艺用电情况如图 7-11 所示。由图可知，先进企业的总装工艺单车电耗仅为 12 kWh/ 辆左右，平均水平约为 33 kWh/ 辆（实线），较差水平约为 135 kWh/ 辆。先进企业是较差企业的 11 倍左右，是平均水平的 4 倍左右，整体差距较大。另外，图中折线为总装工艺占全部用电的比例，整体范围为 2.5%~13%，平均占比约为 6.3%（虚线），总装工艺用电所占比例也相对较低。

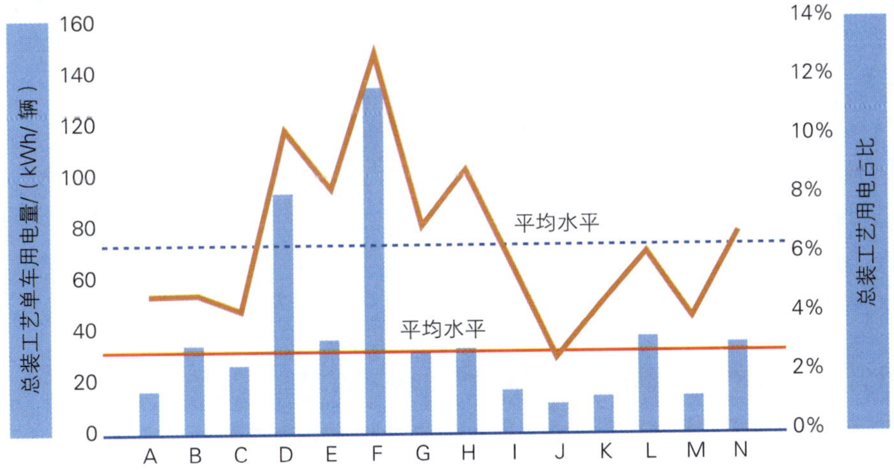

（数据来源：中国汽车技术研究中心数据资源中心）

图 7-11　各企业总装工艺单车用电量情况

5. 企业四大工序碳排放占比

以工厂为边界，按动力站房、冲压工艺、焊接工艺、涂装工艺、总装工艺和其他部分 6 类分别对企业所消耗的电力、天然气、蒸汽、CO_2进行统一碳排放核算，对比发现各工艺碳排放占比如下，可见企业不同工艺之间差别不一。动力站房占比为 4.7%~31.3%，平均水平为 16.1%；冲压工艺占比为 2.4%~9%，平均水平为 4.8%；焊接工艺占比为 6.6%~17.3%，平均水平为 10.1%；涂装工艺占比为 31.6%~66.4%，平均水平为 42.8%；总装工艺占比为 2%~10%，平均水平为 5%；其他占比为 3.4%~29.8%，平均水平为 15.2%。具体如图 7-12 所示。

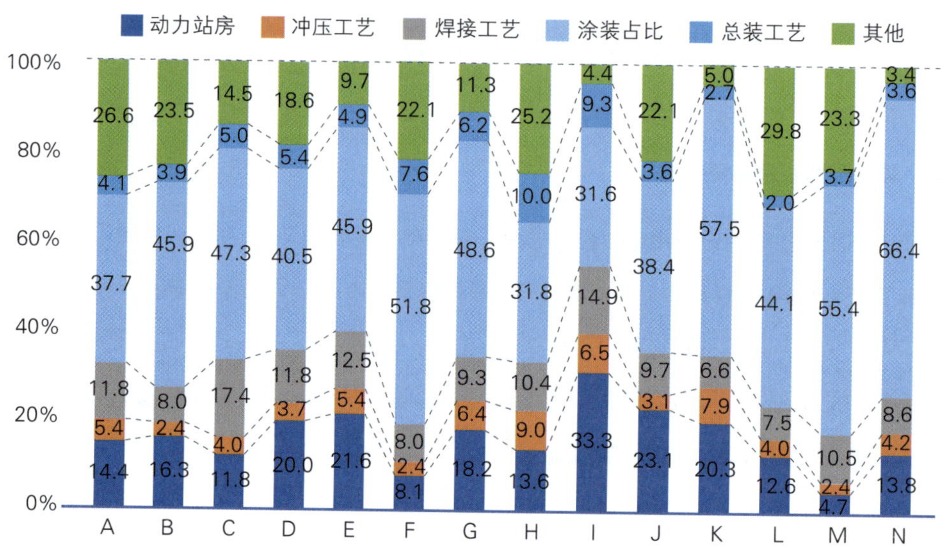

（数据来源：中国汽车技术研究中心数据资源中心）

图 7-12　企业不同工艺碳排放占比情况

7.5　汽车清洁生产先进技术

7.5.1　先进冲压技术

国外先进冲压设备企业已研发出世界上最先进的冲压生产线，每分钟冲次可达 23 次，大大提升了生产效率并降低了生产能耗。先进大型六序伺服冲压线具有效率高、精度高、能耗低等优点，每分钟冲次可达 17 次，冲压精度达到 0.1 mm，整线换模时间约 3 min。先进的冲压生产线配备智能电能管理系统，可调节、监控设备用能，并降低能源消耗。

7.5.2 先进焊装技术

1. 中频逆变焊接

在焊接设备方面，采用中频逆变焊接与一体化焊钳技术可以大大降低能耗。逆变电阻焊技术逆变电阻焊机采用 1 000 Hz 的焊接变压器，相对于交流焊机变压器体积减小了 75%，节省了铜和铁的使用，也降低了无功损耗，逆变电阻焊机的副边输出特性是直流，无感抗产生，其加热响应是即时的，相对于交流焊机需要电流上升时间以及强大的感抗，加热速度提高了，同样的焊接要求下，焊接时间缩短了，减少了热影响区及电极损耗，降低了无功损耗。

2. 伺服焊钳技术

伺服焊钳最大的特点是以伺服装置代替气动装置，按照预先编制的程序，由伺服控制器发出指令，控制伺服电动机按照既定的速度、位移进给，脉冲指令经过编码器，最后形成电极的位移与速度控制，脉冲的数量与频率决定了电极的位移与速度，转矩决定了电极压力。相比传统焊钳，伺服焊钳具有可提高焊接质量、提升焊接速度、降低焊接能耗等优点，在能耗优势主要是伺服焊钳可由电能直接转换，避免因转换成气能而产生的过程损耗，提高了能源利用效率。研究表明，伺服焊钳的用电量仅为传统焊钳的 1/3 左右。

7.5.3 先进涂装技术

1. 高固体分涂装工艺

（1）喷漆室

高固体分溶剂型 3C1B 技术具有较高的固体含量，喷漆室需要的整体长度更短，可以减少喷漆室中喷涂作业的电力需求。而由于低固体分溶剂型 3C2B 技术固体含量低，因此它需要更多的涂料、更多次的喷涂、喷漆室需要的整体长度更长，才能达到所需的涂膜厚度。

（2）加热闪干

溶剂型 (SB) 工艺可在室温下闪干，而水性涂料 (WB) 工艺则需要加热闪干。这导致水性涂料系统需要消耗更多的能源来加热和再冷却车身。因此，高固体分涂装工艺在节能减排方面优势明显。

2. 二次电泳及耐 UV 电泳工艺

传统的车身电泳工艺主要用于底漆涂层，本身耐 UV 老化性能较差，必须在底漆上涂中涂层后才能涂面漆。二次电泳工艺最早应用在一般工业领域的高防腐和高耐候的金属结构上，电泳工艺稳定可靠、一次合格率高、材料利用率高、设备投资少（不需要空调系统），可节省费用48%，减少了维修频次。此工艺用于车身涂装，即第二层电泳替代中涂，可减少传统中涂的漆渣和 VOCs 排放。耐 UV 厚膜电泳涂料开发后，使电泳和中涂合二为一成为可能，此工艺在环保和成本方面具有明显的优势，可以完全节省中涂生产线的投资及中涂涂装涉及的一切费用，同时提高了涂装的生产效率，可减少涂装生产过程车身占用数量。此项工艺最早应用在一般工业领域的高防腐和高耐候的金属结构上，现在用于车身涂装，即第二层电泳替代中涂，可减少传统中涂的漆渣和 VOCs 排放。

3. 不黏附喷涂物的干法分离工艺

无论是人工还是机器人喷涂，在涂装生产中避免不了过喷，采用不黏附喷涂物干法分离工艺，能使涂装生产进一步靠近“绿色”的目标。这项工艺与传统的湿法分离工艺相比较，仅以涂装站的生产过程进行计算，其节能效果可以达到 60%，如果按汽车涂装的整个过程计算可以节能30%。工艺的主要特点是涂装站内的空气是循环流动的，能带走干的不黏附喷涂物颗粒。由于该系统空气循环使用的比例可高达 80%，所以喷涂过程就很容易保持稳定的温度（23℃）和湿度条件（65% 相对湿度），与传统的涂装站相比大大减少了空气处理的量。与一般的湿法分离工艺相比，干法分离不黏附喷涂物时不再使用清洁水。此外，由于这种工艺大幅降低了 CO_2 和喷涂物颗粒的排放，还具有很好的环保特点。

与环保有关的另一个特点是干法分离工艺中采用石灰石粉作为结合剂，当石灰石粉使用饱和后，不需要做任何处理就能直接应用于其他生产过程，如用水泥制造或烟气脱硫。而湿法分离产生的涂料污泥则是一种对环境有害的废弃物，必须设法进行处理后才能排放。

7.5.4 先进总装技术

1. 总装工艺的模块化技术

汽车模块化技术可以实现不同类型汽车的通用化生产，在总装装配过程中，采用模块化技术可以减少总装工位的生产线长度和主线装配工时，进而提高装配效率，同时可结合柔性化生产技术，以缩短汽车生产周期，进而降低生产能耗及排放。模块化主要有电子控制系统模块化和产品结构模块化。电子控制系统模块化是将传动控制、车身控制、安全控制、驾驶辅助控制、动态地旁控制、多媒体系统等进行集成，实现整车一个电子控制的模块化系统。产品结构模块化是依据汽车各子系统零部件结构将各结构与各零部件进行组合，实现各系统总成的模块化。目前，前端模块化、前后保模块化、底盘模块化、仪表板模块化、车门模块化、顶棚模块化等模块化技术广泛应用在总装工艺中。

2. 总装工艺的智能化技术

装配智能化技术包括多个方面：在线车型与线边设备智能化互联互通、整车智能化加注、智能化伺服拧紧系统等。

① 在线车型与线边设备智能化互联互通采用物联网技术。通过赋予装配线上的每个工位及线边设备独立 IP 地址，实现在线车辆与线边设备实现互联互通，组成智能化在线车辆识别系统。实现智能化互联互通之后，可以通过网络传输车型信息，取代传统的通过扫描枪确认方式，能显著降低工作时间，提高工作效率，降低出错率。与此同时，智能化的互联互通技术可与其他先进技术的实现协同，如自动装配、工艺参数自动匹配、灯光指示等。

② 整车智能化加注。汽车制动系统、发动机冷却系统、空调制冷系统、燃油供给系统等的密封性能需要在线进行严格的正压或负压检测，对于柔性化的混流装配线，多个平台不同配置的车型，不同车型的不同工艺参数，通过建立智能化的密封检测站，就可以实现综合性的密封性能检测。智能化的加注站不仅可以对上述的整车管路系统的加注参数进行自动匹配，对检测数据自动进行检测分析和预警，通过灯光指示及系统控制防止错加、漏加，还可以对密封检测不合格的车辆予以声光报警，并停止加注，实现检测、加注、数据分析一体化。

③ 智能化伺服拧紧系统。在装配线上建立拧紧工作站，将拧紧站附近的多工位需要拧紧的操作进行集中。通过集中拧紧的工作站，将拧紧作业、拧紧的工具和工装进行集中配置，通过伺服设备和信息系统设备，将拧紧工作接入装配智能化管理系统，形成一个完整的智能拧紧闭环。通过智能化管理系统实现伺服拧紧工作站的各个伺服拧紧机及其拧紧设备自动识别车型、套筒匹配指示，实现拧紧力矩自动调整、拧紧精度自动校正和转速自调节等工艺参数智能匹配，完成拧紧后采集每台车拧紧数据并进行分析及预警。

第 8 章 汽车绿色产品发展现状

8.1 节能与新能源汽车发展现状

8.1.1 国内节能与新能源汽车推广应用政策现状

为推动新能源汽车的发展，国务院及相关部门围绕汽车研发、生产、销售、使用等产业链实施了一系列扶持政策，已经形成了较为完善的政策体系。

1. 宏观规划政策

为加快培育和发展节能与新能源汽车产业，国务院相继对外发布纲领性文件，明确我国汽车产业发展的目标、方向，为汽车企业后续产品的规划布局划定了指导方向。2010 年 10 月，国务院印发《关于加快培育和发展战略性新兴产业的决定》（国发〔2010〕32 号），将新能源汽车列为国家级战略性新兴产业 7 个重点发展领域之一，推进插电式混合动力汽车、纯电动汽车推广应用和产业化。2012 年 6 月，国务院印发了《节能与新能源汽车产业发展规划（2012-2020 年）》（国发〔2012〕22 号），提出我国节能与新能源汽车产业发展的目标，确定“重点推进纯电动汽车和插电式混合动力汽车产业化，推广普及非插电式混合动力汽车、节能内燃机汽车，提升我国汽车产业整体技术水平”的工作思路。2015 年 5 月，国务院印发《中国制造 2025》（国发〔2015〕28 号），将节能与新能源汽车产业列入十大重点领域之一，提出“继续支持电动汽车、燃料电池汽车发展，掌握汽车低碳化、信息化、智能化核心技术，提升动力电池、驱动电机、高效内燃机、先进变速器、轻量化材料、智能控制等核心技术的工程化和产业化能力”的要求。工信部在解读《中国制造 2025》时明确了节能与新能源汽车目标：2020 年，乘用车新车整体油耗降至 5 L/100km，2025 年降至 4 L/100km 左右，到 2025 年新能源汽车年销量要达到 300 万辆。

2. 研发支持政策

“十五”以来，科技部先后启动了“电动汽车重大科技专项”“节能与新能源汽车重大项目”“电动汽车重点科技专项”和“新能源汽车重点专项”等国家科技计划项目，支持新能源汽车产业化发展。这类计划包括国家自然科学基金、国家科技重大专项、国家重点研发计划、技术创新引导专项、基地和人才专项 5 类。在 2016 年国家重点研发计划中，新能源汽车领域有 19 个重点项目入选，包括新能源汽车智能化、轻量化、混合动力方向，以及动力锂电池、燃料电池等方向。

3. 生产规范政策

2015 年 6 月，国家发改委、工信部发布《新建纯电动乘用车企业管理规定》，对中国投资新建独立法人纯电动乘用车生产企业提出明确要求。至此，传统汽车之外企业按照规定要求也可生产纯电动乘用车。2016 年，共有 7 家企业获得纯电动新能源乘用车生产资质，见表 8-1 所列。

表 8-1　2016 年中国新能源汽车企业资质获批情况统计

（数据来源：全国投资项目在线审批监管平台）

编号	获批时间	企业名称	是否有国有企业参与	年产能 / 万辆	投资规模 / 亿元
1	2016 年 3 月	北汽新能源	是	7	11.5
2	2016 年 5 月	长江汽车	否	5	51
3	2016 年 10 月	长城华冠	否	5	20.2
4	2016 年 10 月	奇瑞新能源	是	5	15.6
5	2016 年 11 月	江苏敏安	是	5	25
6	2016 年 12 月	万向集团	否	5	25
7	2016 年 12 月	江铃集团	是	5	13.3

4. 财税激励政策

中国新能源汽车补贴则经历了示范推广（2009-2012 年）、推广应用（2013-2015 年）、全面推广（2016 年起）3 个阶段，财政补贴范围由示范区域扩展到全国范围内，补贴车型由最初的“混合动力汽车 + 新能源汽车”发展到仅新能源汽车车型，补贴车型技术门槛也逐步提升，见表 8-2 所列。

表 8-2　3 个阶段新能源汽车补贴政策的变化

（资料来源：工信部网站）

<table>
<tr><th>政策内容</th><th colspan="2">2009-2012 年</th><th>2013-2015 年</th><th>2016-2020 年</th></tr>
<tr><td>补贴范围</td><td>公共领域：25 个节能与新能源汽车示范推广试点城市</td><td>私人领域：6 个私人购买新能源汽车补贴试点城市</td><td>88 个新能源汽车推广应用示范城市</td><td>全国</td></tr>
</table>

（续表）

<table>
<tr><th colspan="3">政策内容</th><th colspan="2">2009-2012 年</th><th>2013-2015 年</th><th>2016-2020 年</th></tr>
<tr><td rowspan="4">补贴技术要求</td><td colspan="2" rowspan="2">乘用车</td><td rowspan="2">乘用车及轻型商用车：节油率、电池类型、最大电功率比</td><td rowspan="2">动力电池组能量</td><td rowspan="2">纯电续驶里程</td><td>纯电动：纯电续驶里程、最高车速</td></tr>
<tr><td>插电式：纯电续驶里程、燃料消耗量</td></tr>
<tr><td rowspan="2">商用车</td><td>客车</td><td rowspan="2">10 m 以上城市公交客车：节油率、最大电功率比</td><td rowspan="2">无规定</td><td>车长</td><td>纯电动：纯电续驶里程、车长、单位载质量电能消耗量
插电式：纯电续驶里程、车长、燃料消耗量</td></tr>
<tr><td>专用车</td><td>纯电动：电池容量</td><td>电池容量</td></tr>
<tr><td rowspan="4">补贴额度范围</td><td colspan="2">乘用车</td><td>纯电动：6 万元
混合动力：0.4~5 万元
燃料电池：25 万元</td><td>纯电动 ≤ 6 万元
插电式 ≤ 5 万元</td><td>纯电动：3.15~6 万元
插电式：3.15~3.5 万元
燃料电池：18~20 万元</td><td>纯电动：1.5~4.5 万元
插电式：1.8~3 万元
燃料电池：20 万元</td></tr>
<tr><td rowspan="3">商用车</td><td>客车</td><td>纯电动（10 m以上）：50 万元
混合动力（10 m 以上）：5~42 万元
燃料电池：60 万元</td><td rowspan="3">无补贴</td><td>纯电动：30~50 万元
插电式：25 万元
燃料电池：45~50 万元</td><td>纯电动（标准车）：7.2~50 万元
插电式（标准车）：12~25 万元
燃料电池：轻型 30 万元、大中型 50 万元</td></tr>
<tr><td>专用车</td><td>特种车辆补助标准无单独确定</td><td>每千瓦时补贴 2 000 元</td><td>每千瓦时补助 1 800 元</td></tr>
<tr><td>货车</td><td>无规定</td><td>无规定</td><td>纯电动、插电式：每千瓦时补助 1 800 元
燃料电池：轻型 30 万元、中重型 50 万元</td></tr>
<tr><td colspan="3">乘用车续航里程范围</td><td>无规定</td><td>$R \geqslant 50$ km</td><td>$R \geqslant 80$ km</td><td>$R \geqslant 100$ km</td></tr>
<tr><td colspan="3">客车车身长度</td><td>$L \geqslant 10$ m</td><td>无</td><td>$L \geqslant 6$ m</td><td>包括 6 m 及以下</td></tr>
<tr><td colspan="3">退坡速度</td><td rowspan="2">无退坡</td><td>企业插电式或纯电动分别达到 5 万辆规模后，适当降低补贴标准</td><td>2014 年和 2015 年补助标准是在 2013 年标准基础上分别下降 5% 和 10%</td><td>2017-2018 年、2019-2020 年的补助标准分别在 2016 年基础上下降 20% 和 40%</td></tr>
<tr><td colspan="3">适用退坡车型</td><td>纯电动乘用车、插电式混合动力乘用车</td><td>纯电动乘用车、插电式混合动力（含增程式）乘用车、纯电动专用车、燃料电池汽车</td><td>除燃料电池汽车外其他车型</td></tr>
<tr><td colspan="3">质保期限</td><td>不低于 3 年或 15 万 km</td><td>不低于 5 年或 10 万 km</td><td>无规定</td><td>乘用车企业不低于 8 年或 12 万 km；商用车企业不低于 5 年或 20 万 km</td></tr>
</table>

8.1.2 我国节能与新能源汽车标准化工作现状

1. 汽车油耗标准

在汽车节能相关的标准法规中，《乘用车燃料消耗量限值》与《乘用车燃料消耗量评价方法及指标》是两项重要标准。两项标准虽名称不同，但实质上都是以国家标准法规的形式，将车型的燃料消耗量纳入评价管理体系。其中适用于第一阶段和第二阶段的《GB19578-2004 乘用车燃料消耗量限值》强制规定了某一车型不得超过的燃料消耗量最大值；而自 2012 年第三阶段开始实施的《GB27999-2011 乘用车燃料消耗量评价方法及指标》引入了车型燃料消耗量目标值、企业平均燃料消耗量（CAFC）等概念对原有标准进行了必要补充。

随着汽车节能管理工作的推进，2016 年开始实施的第四阶段油耗标准对车型燃料消耗量限值和目标值进行了进一步加严。并且四阶段评价方法继续沿用按整车整备质量分组的燃料消耗量限值评价体系，同时提出特殊结构车辆的技术特征和要求。此外，方法取消了对非手动挡变速器和手动挡变速器的区别对待，目标值保持一致，与三阶段相比加严了非手动挡的目标值要求，以此推动非手动挡变速器产品节能技术升级。四阶段评价方法规定从 2016 年至 2020 年，目标值逐年按 134%、128%、120%、110%、100% 的趋势加严。相较于三阶段评价方法中各年度的目标值要求，四阶段评价方法对绝大多数汽车生产企业的绝大多数产品都提出了节能改善要求。

四阶段燃料消耗量评价方法中还规定，乘用车车型燃料消耗量应满足 GB19578 规定的限值要求；同时三阶段的目标值变成四阶段的限值。从这些举措可以看出，国家在标准制定上表现出了严格推动汽车行业节能发展水平的决心。

2. 新能源汽车相关标准

当前，我国已正式发布电动汽车国家标准和行业标准 80 余项、电动汽车充电设施国家标准和行业标准 20 余项，这些标准从不同层面不同角度反映了电动汽车对标准的不同需求，也代表了我国电动汽车的整体发展水平。总体上，电动汽车及其充电设施标准体系趋于完善，现有标准能基本满足政府部门对新能源汽车的管理需要，满足行业对电动汽车技术研究、产品开发、产业化和商业化运行的需要。

我国的电动汽车标准结构主要分为整车、关键系统及部件和接口及基础设施 3 个部分。从电动汽车安全、性能、能耗等整车标准，到动力电池、驱动电机、电子控制、辅助电器等关键系统和部件，再到支撑电动车辆商业化运行的充电基础设施，均设立了相关标准化子领域并开展了标准的研究，标准类型也覆盖了基础通用标准、产品标准、方法标准和管理标准。各自领域相互配合、相互协调、相互配套，共同组成了完善的电动车辆标准体系。

2016 年，共有 5 项电动汽车标准被批准发布和实施，较 2015 年（30 项）大为减少。发布的标准包括插电式混合动力电动汽车整车技术条件、远程服务与管理系统以及混合动力汽车污染物排放等。这些标准的出台，为电动汽车准入管理及产品开发等多方面提供技术支撑，有效引领、服务和促进电动汽车产业规模化发展。发布的标准清单见表 8-3 所列。

表 8-3 2016 年我国发布的电动汽车标准

（资料来源：全国汽车标准化技术委员会）

序号	标准号	标准名称
1	GB/T 32694-2016	插电式混合动力电动乘用车技术条件
2	GB/T 32960.1-2016	电动汽车远程服务与管理系统技术规范，第 1 部分：总则
3	GB/T 32960.2-2016	电动汽车远程服务与管理系统技术规范，第 2 部分：车载终端
4	GB/T 32960.3-2016	电动汽车远程服务与管理系统技术规范，第 3 部分：通信协议及数据格式
5	GB 19755-2016	轻型混合动力电动汽车污染物排放控制要求及测量方法

此外，2016 年，根据主管部门和行业对电动汽车标准的需求，多项标准项目进入了新的工作阶段。总体来看，全年有 19 项标准完成征求意见稿并公开征求意见。征求意见的标准涉及电动汽车整车电安全及技术条件、能耗与续航里程、动力燃料电池及蓄电池系统、污染物排放等方面。这些标准将进一步完善我国的电动汽车标准体系，为电动汽车准入管理及产品开发等多方面提供技术支撑，有效引领、服务和促进电动汽车产业规模化发展。2016 年公开征求意见的电动汽车标准清单见表 8-4 所列。

表 8-4 2016 年我国公开征求意见的电动汽车标准

（资料来源：全国汽车标准化技术委员会）

序号	标准名称
1	电动汽车操纵件、指示器及信号装置的标志
2	纯电动货车技术条件
3	电动汽车传导充电互操作性测试规范，第 1 部分：车辆侧
4	插电式混合动力电动商用车技术条件
5	电动汽车与插电式混合动力汽车能耗折算方法
6	燃料电池电动汽车术语
7	燃料电池电动汽车加氢口
8	电动汽车安全要求，第 3 部分：人员触电防护

（续表）

序号	标准名称
9	电动汽车能量消耗率和续驶里程试验方法
10	汽车用动力电池编码标准
11	电动汽车用动力蓄电池产品规格尺寸
12	燃料电池电动汽车燃料电池堆安全要求
13	燃料电池电动汽车整车氢气排放测试方法
14	电动汽车术语
15	电动汽车用锂离子动力蓄电池包和系统，第 3 部分：安全性要求与测试方法
16	电动汽车用增程器技术条件
17	电动汽车用充放电式电机控制器技术条件
18	电动汽车再生制动系统要求及试验方法
19	电动汽车低速行驶提示音技术要求

其中，涉及动力电池回收的标准包括以下几个方面。

（1）《动力蓄电池编码规则》

为规范和引导新能源汽车动力蓄电池规模化、有序化发展，加强全生命周期溯源管理，促进动力电池产业健康可持续发展，工信部组织编制动力蓄电池统一编码规则。2016 年 10 月 18 日，发布统一编码规则《汽车用动力电池编码》的征求意见稿，汇总各方建议修改后，已形成报批稿并更名为《汽车动力蓄电池编码规则》，目前正在工信部进行报批，等待正式发布。此标准规定了汽车动力蓄电池编码的对象、代码结构和数据载体，适用于汽车动力蓄电池、超级电容器及其他可充电储能装置，确定了编码对象为汽车动力蓄电池包、蓄电池模块、单体蓄电池及梯级利用的动力蓄电池包、蓄电池模块、单体蓄电池，动力蓄电池包、蓄电池模块与单体蓄电池，梯级利用的动力蓄电池包、蓄电池模块与单体蓄电池的编码应建立对应关系。汽车动力蓄电池均为 24 位编码结构，梯级利用动力蓄电池为 19 位编码结构，并对每一位代码的释义和规则进行了阐述。

（2）《车用动力电池回收利用拆解规范》

为合理规范我国车用动力蓄电池的拆解流程，实现车用动力电池快速、安全、环保拆解以及拆解后的可再使用性要求，电动车辆分标委组织起草推荐性的国家标准《车用动力电池回收利用拆解规范》，于 2013 年正式启动，2015 年年初完成征求意见稿，在汇总各方建议修改后，目前已形成此标准的送审稿。此标准适用于电动汽车用废旧锂离子动力电池、金属氢化物镍动力电池的电池包（组）、模块的拆解，不适用于电动汽车用废旧动力电池单体的拆解。标准规定了电动汽车用废旧动力电池拆解工作的术语和定义、一般技术要求、作业程序及存储和管理要求，具体说明了设备、安全、拆解等相关要求和程序，并对拆解过程中产生的废液、零部件、有害物质等存储和管理进行了阐述。

（3）《车用动力电池回收利用余能检测》

动力蓄电池从电动汽车上报废以后仍然具备优异的性能，含有可利用的容量，为了将废旧动力电池的剩余性能的价值充分发挥，实现资源利用的最大化，需对其进行余能检测。为了保证余能检测的科学性、安全性、环保性，电动车辆分标委组织起草推荐性的国家标准《车用动力电池回收利用余能检测》，于 2013 年正式启动，2015 年初完成征求意见稿，在汇总各方建议修改后，目前已形成标准的送审稿。此标准规定了电动汽车用废旧动力电池余能检测的术语和定义、检测要求、检测流程及检测报告，适用于电动汽车用废旧锂离子动力电池和金属氢化物镍动力电池单体、模块的余能检测，不适用于铅酸蓄电池的余能检测。

8.1.3 国外节能与新能源汽车相关政策现状

1. 欧盟激励政策

欧洲许多国家对可充电汽车都予以鼓励措施。这些鼓励措施通常是税费减免（如德国和奥地利），或是购买电动汽车的额外补贴（如法国和英国）。欧洲汽车产业对进一步降低油耗所引入的财政刺激政策表示支持，认为税费是满足消费者对节能车需求的重要工具，同时也有助于营造技术突破的市场环境。具体见表 8-5 所列。

表 8-5 欧盟各国 2015 年电动车税费激励政策

（资料来源：公开数据整理所得）

国家	电动车税费激励政策
奥地利	电动汽车免征燃料消费税以及月度车船使用税
比利时	在弗兰芒区，新能源汽车免征注册税，此外，电动汽车以及氢燃料汽车的激励政策自 2016 年 1 月起施行。 在所有的 3 个区中，电动汽车上缴最低税率的年度保有税。企业收入的减税率同企业车辆的使用相关，零排放车的减税率可达到 120%，节能车（1~60 gCO_2/km）的减税率为 100%。超过 60 g CO_2/km 的车其减税率为 50%~90%
保加利亚	电动车免征年度保有税
克罗地亚	暂无
塞浦路斯	暂无
捷克共和国	电动、混动以及其他替代燃料车免征公路税（仅适用于商用车）
丹麦	电动车和厢式车免征注册税。氢燃料电池车 2018 年底之前免征注册税

（续表）

国家	电动车税费激励政策
爱沙尼亚	暂无
芬兰	纯电动车可享受最低注册税税率
法国	各地区可选择对 AFV（包括电动、混动、天然气、液化石油气和 E85 汽车）减免注册税（全部或 50%）。 在健全的奖惩机制下，购买电动车或混动车可享受以下优惠。 自 2016 年 1 月 1 日起，凡购买单车油耗在 61~110 g CO_2/km 的汽车（不包括轻型商用车），予以 750 欧元奖励。 凡购买油耗在 21~60 g CO_2/km 的汽车或轻型商用车，予以 1 000 欧元奖励。 凡购买油耗在 20 g CO_2/km 及以下的乘用车或轻型商用车，奖励 6 300 欧元。 电动车免征公司车辆税，混动车排放低于 110 g CO_2/km 在注册后两年内免征
德国	电动汽车免征 10 年期的年度保有税
希腊	电动和混动汽车免征注册税、奢侈税和奢侈生活税，电动车和混动车（发动机排量在 1 549 cc 以上的）也免征保有税
匈牙利	电动车免征注册税、年度保有税和公司车辆税
爱尔兰	2016 年 12 月之前，电动汽车可享受最多 5 000 欧元的注册税减征。插电式混动车最多减征 2 500 欧元。混动车和其他灵活燃料车最多减征 1 500 欧元。此外，电动和插电式混动车购买时可享受最多 5 000 欧元的优惠。 电动车可享受最低公路税税率（120 欧元）
意大利	许多地区，电动车免征年度保有税（车辆保有税）5 年，5 年后可享受 75% 的减征优惠
拉脱维亚	电动车免征注册税，征收最低税率的公司车辆税（10 欧元）
立陶宛	暂无
卢森堡	电动车征收最低税率的年度保有税（30 欧元）
马耳他	暂无
荷兰	电动车免征注册税，油耗低于 50 g CO_2/km 的汽车免征保有税
波兰	暂无
葡萄牙	电动车免征注册税，以及年度保有税。混动车享受 75% 的注册税减征
罗马尼亚	电动车和混动车免征注册税。电动车免征年度保有税
斯洛伐克	电动车免征年度保有税。混动车享受 50% 的年度保有税减征
斯洛文尼亚	暂无
西班牙	主要城市（马德里、巴塞罗那、萨拉戈萨和瓦伦西亚等）对电动车和节能车减征 75% 的年度保有税
瑞典	凡购买新电动车或混动车有以下补贴： 插电式油耗在 1~50 g CO_2/km 之间享受 2 万克朗补贴； 纯电动车享受 4 万克朗的补贴； 对新能源车（电动车、插电式百千米电能消耗不超过 37 kWh）免征 5 年年度保有税； 减征电动和插电式混动车的公司车辆税
英国	油耗低于 100 g CO_2/km 的电动车免征年度保有税，其他替代燃料车费率享受 10 英镑的减征。 自 2010 年 4 月起，纯电动车免征公司车辆税，油耗低于 50 g CO_2/km 的汽车在 2015-2016 纳税年度可享受 95% 的减征优惠。

2. 日本激励政策

日本的能源资源极为贫乏，大部分能源依靠进口，日本同时又是世界经济大国和能源消费大国。在现有资源条件下如何确保国家能源供应安全，是日本政府面对的重要挑战。为此，日本颁布并实施了一系列与能源相关的政策法规，明确了日本新能源的发展目标和各方责任。日本异常重视新能源汽车的开发，其中混合动力车已形成产业，新能源汽车保有量增长迅速。

此外，日本还非常重视燃料电池和生物燃料等技术，计划在 5 年内斥资 2 090 亿日元开发以天然气为原料的液体合成燃料技术、车用电池，以及氢燃料电池科技。为攻克有关电池的关键性技术，日本建立了最大的开发高性能电动汽车动力蓄电池的新能源汽车产业联盟，共同实施“革新型蓄电池尖端科学基础研究专项”项目。该联盟包括丰田、日产等汽车企业，三洋电机等电机、电池生产企业，以及京都大学等著名学府及研究机构，共 22 家成员单位。日本政府计划 7 年内对此项目投入 210 亿日元，通过开发高性能电动汽车动力蓄电池，在 2020 年前，将日本电动车一次充电的续驶里程增加 3 倍以上。

为推进新能源汽车以及环保汽车的发展，日本实施“绿色税制”。它的适用对象包括纯电动汽车、混合动力车、清洁柴油车、天然气车以及获得认定的低排放且燃油消耗量低的车辆。前 3 类车被日本政府定义为“下一代汽车”，购买这类车可享受免除多种税赋优惠。借用丰田混合动力车型普锐斯的实战经验，日本汽车业在电动车等新能源车领域已狠下功夫。日本实施低排放车认定制度，高、中档轿车和经济型轿车都可以向国土交通省申请接受低排放车认定。消费者可根据所购车辆的排放水平享受不同的减税待遇，购置以天然气为燃料或混合动力车等低公害车辆的地方公共团体，还可得到政府的补助金。

3. 美国激励政策

美国自 1990 年以来，由于环境问题以及美国加州“零排放车辆法”的推行，各大汽车厂商更加注重对电动汽车的开发。1993 年 9 月，美国能源部和三大汽车公司牵头成立了“新一代汽车伙伴关系（PNGV）”，美国政府通过 PNGV 与汽车界达成了多种合作研究和开发协议，并协调政府有关部门、国家实验室和三大汽车公司的人力、物力资源，开展高效节能汽车包括 HEV 的研究。14 家美国电池和先进材料企业，在阿贡实验室的支持下，成立了先进交通运输用电池生产国家联盟，以提高美国车用锂离子电池制造实力，推动新能源汽车发展。

美国也一直致力于提高乙醇以及生物柴油等可再生资源使用量。美国通过可再生燃料标准计划，使美国使用的可再生汽油燃料数量从 2006 年约 45 亿加仑增加到 2012 年至少 75 亿加仑，相当于美国车用汽油需求量的 3.71%。同时政府也对生产燃料乙醇制定了优惠政策。事实上，近年来美国燃料乙醇的生产和消费量都处于快速上升中，其主要需求就来自于替代汽车燃料。

在发展生物乙醇燃料的同时，美国政府鼓励以混合动力车为代表的其他新能源汽车的使用。美国的混合动力汽车在 2004 年前后进入商业化推广阶段，联邦政府为推进充电式混合动力汽车计划，在短短几个月内紧锣密鼓地出台了一系列强力措施，斥资 140 亿美元支持动力电池、关键零部件的研发和生产，支持充电基础设施建设、消费者购车补贴和政府采购。美国还设立了一个总量为 250 亿美元的基金，以低息贷款方式支持厂商对节能和新能源汽车的研发和生产，目标是每年汽车燃油经济性提高一倍。

为鼓励消费，购买充电式混合动力的车主可以享受 7 500 美元的税收抵扣。同时政府还投入 4 亿美元支持充电站等基础设施建设。驱动混合动力车行驶的电池组技术是需要突破的关键。美国能源部将设立 20 亿美元的政府资助项目，用以扶持新一代电动汽车所需的电池组及其部件的研发。为此，美国能源部下属的国家实验室以及电池制造业联盟在肯塔基州设立了研发和制造中心，目标是为充电式混合动力车提供高性能的锂电池组。这些新能源政策，更加明确了研发节能减排新产品的方向和目标，新能源汽车在美国市场的占比也将持续提高。

8.1.4 国外节能与新能源汽车相关标准现状

1. 国际节能与新能源汽车标准

目前，国际上开展电动汽车标准化工作的组织机构主要有国际标准化组织（ISO）、国际电工委员会（IEC）、联合国世界车辆法规协调论坛（WP29）等。ISO 的工作主要涉及电动汽车整车、安全、能耗、充电等方面；IEC 则主要涉及电动汽车关键零部件领域，可从驱动、充电、储能等方面进行划分；WP29 主要负责协调世界各国共同参与制修订全球统一的汽车技术法规（GTR）。

（1）ISO 新能源汽车标准研究情况

国际标准化组织 / 道路车辆技术委员会（ISO/TC22）主要承担电动汽车整车标准的研究工作。ISO/TC22/SC21 是电动车辆分技术委员会，它们从 1993 年 3 月第 2 次工作会议开始便加快了电动汽车方面的标准化工作，目前已形成了多项车辆标准草案。ISO 在 2016 年发布的新能源汽车相关标准见表 8-6。

表 8-6　ISO 2016 年新能源汽车标准研究情况

序号	标准号	标准名称
1	ISO PAS 19363	电动道路车辆无线电力传输，安全和互操作性要求
2	ISO DIS 15118-4	道路车辆与电网通信接口，第 4 部分：网络和应用协议一致性测试
3	ISO DIS 15118-5	道路车辆与电网通信接口，第 5 部分：物理层和数据链路层一致性测试
4	ISO DIS 15118-8	道路车辆与电网通信接口，第 8 部分：无线通信的物理层和数据链路层要求
5	ISO PAS 19295	电动道路车辆 B 级电压的次级电压规范

其中，ISO PAS 19363 标准定义了电动汽车电池充电过程中磁场无线电力传输系统（MF-WPT）的车载设备的要求。该标准适用于乘用车和轻型车辆，涉及 EV 设备的以下方面：电能传输、离地间隙、不同分类的 EV 设备和相关的车外系统之间的互操作性要求、各种条件下的性能要求、安全要求、测试程序等。

（2）IEC 新能源汽车标准研究情况

国际电工委员会 / 电动道路车辆技术委员会（IEC/TC69）是承担电动道路车辆和电动工业卡车分机构，主要从事电动车辆相关标准的研究。ISO 和 IEC 有联合工作组，他们共同起草电动汽车和电网的通信协议等标准。IEC 在 2016 年发布的新能源汽车相关标准见表 8-7。

表 8-7　IEC 2016 年新能源汽车标准研究情况

序号	标准号	标准名称
1	IEC 62281	一次和二次锂电池和电池在运输过程中的安全性
2	IEC 62282-3-400	燃料电池技术，第 3~400 部分：具有热和功率输出的小型固定燃料电池电力系统
3	IEC TS 62840-1	电动汽车电池更换系统，第 1 部分：总则
4	IEC TS 62840-2	电动汽车电池更换系统，第 2 部分：安全要求
5	IEC 62660-3	电动道路车辆二次锂离子电池，第 3 部分：安全要求
6	IEC 62752	电动道路车辆（IC-CPD）模式 2 充电用电缆控制和保护装置
7	IEC 62196-2	电动汽车有线充电插头、插座，第 2 部分：配件的尺寸兼容性和更换要求

从表 8-7 中可以看出，2016 年国际电工委员会对新能源汽车标准的研究主要集中在蓄电池技术、电池更换系统、电动汽车充电技术等领域，突出了安全性要求。

（3）WP29新能源汽车标准研究情况

联合国世界车辆法规协调论坛（UN/WP29）是联合国层面的标准化机构。WP29在《1958年协议书》框架下负责整个欧洲范围内的统一汽车技术法规（即ECE法规）的制修订及实施工作。WP29已正式制定颁布的法规主要分为整车、储能、耗能、安全4个方面。

2. 国外主要国家标准研究

（1）整体情况

总体来说，目前，世界各国发展新能源汽车的动力基本相同，都是降低石化能源的消耗和污染物排放、实现汽车工业转型升级，增加社会就业率，实现绿色交通。在新能源汽车标准研究与制定方面，美国、德国、日本、韩国、英国等国家均出台了一系列的新能源汽车相关标准。其中，美国、德国制定的标准数量最多，体系最为完善，下面着重介绍美国和德国在相关标准方面的研究。

（2）德国标准研究情况

德国将标准化作为推动电动汽车、道路车辆工程、能源供给和相关的信息通信技术的关键因素，电动汽车的发展能够将上述多个领域的技术联合起来，因此，建立长远的标准发展规划能够将电动汽车发展与全德国的利益结合，同时能够将德国的工业推向全世界。

在德国，企业、研发机构和研究所、标准法规组织在国内和国际层面展开深入合作，DKE和DIN发挥各自的专长，合作负责电动汽车在电气和汽车技术交叉领域的协调工作；DKE内部还有专门协调电动汽车与智能电网连接的组织，德国与电动汽车标准相关的组织均参与了标准体系的建立过程；德国国内还由政府资助进行了大量的示范运行和用户体验活动，根据实践过程中的反馈，对标准体系进行完善和改进；德国积极参与国际标准化的一致性和协调性工作，其中包括ISO与IEC之间联合建立的有关“车与电网”的工作组，鼓励德国和欧洲企业参与到DIN标准规范的制定中，统一DIN与ISO、IEC的标准规范的内容。同时，德国积极促成欧盟内部就充电设施等多个议题展开讨论，促进欧盟内部的标准法规协调一致。

表8-8为2016年德国发布的新能源汽车相关标准。可以看出，德国2016年标准研究工作集中于电动汽车与电网的连接以及电池系统的开发等方面。

表 8-8　德国 2016 年新能源汽车标准研究情况

序号	标准号	标准名称
1	DIN 91252	电动汽车电池系统锂离子电池单元设计规范
2	DIN EN 15118-4	道路车辆与电网通信接口，第 4 部分：网络和应用协议一致性测试
3	DIN EN ISO 15118-3	道路车辆与电网通信接口，第 3 部分：物理和数据链路层要求
4	DIN EN ISO 15118-2	道路车辆与电网通信接口，第 2 部分：网络和应用协议要求

（3）美国标准研究情况

能源安全、石油对外依存度是美国政府首要考虑的因素，同时发展电动汽车可以减少温室气体排放，推动新型经济发展，增加就业。美国认为安全性、性价比、互操作性、动力性能和环境友好性是影响电动汽车发展的主要因素，标准、规范、法规和相关的一致性检验与培训项目的实行能够有效化解消费者对于上述阻力的顾虑。美国国家标准协会（ANSI）下属的 EVSP 负责制定电动汽车标准路线图，分析现有标准体系的不足，提出需要规范的领域，其目的主要有两点：① 促进一个综合、可靠、合理的标准和一致性体系的形成；② 使得美国国内的标准与国外合作伙伴之间的协调性和一致性最大化。

表 8-9 为 2016 年美国发布的新能源汽车相关标准。从表中可以看出，2016 年美国的相关标准研究工作主要集中于电动汽车电池的响应、包装、热管理，以及电动汽车的有线、无线充电技术等方面。

表 8-9　美国 2016 年新能源汽车标准研究情况

序号	标准号	标准名称
1	SAE J1797	电动汽车电池模块包装操作规程
2	SAE J2990-1	气态氢和燃料电池汽车一级和二级响应器操作规程
3	SAE J3073	电池热管理系统
4	SAE J2954	轻型插电式电动车无线电力转换及校准方法
5	SAE J1772	纯电动汽车和插电式混合电动汽车导电充电连接插头

8.1.5　2016 年我国节能与新能源汽车行业发展现状

8.1.5.1　中国乘用车平均燃料消耗量水平

1. 行业平均燃料消耗量变化

行业平均燃料消耗量实际值减少至 7.04 L/100km，目标值增加至 7.57 L/100km。2015 年，行业平均燃料消耗量实际值为 7.04 L/100km，较 2014 年下降 0.18 L/100km，随着整备质量的增加，目标值也升高至 7.57 L/100km，实际值 /100% 目标值为 93%。从 2013 年至 2015 年，行业平均燃料消耗量实际值不断下降且降幅增大，行业平均燃料消耗量目标值持续增长但增幅减小，实际值 /100% 目标值不断下降，达标质量逐年提高。具体如图 8-1 所示。

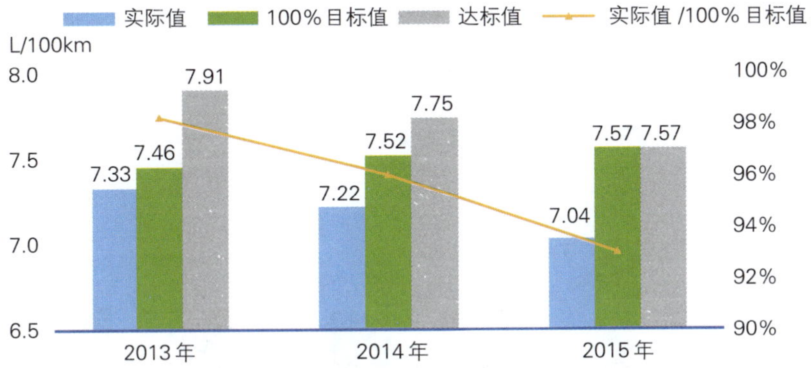

（数据来源：中国汽车技术研究中心数据资源中心）

图 8-1　乘用车行业平均燃料消耗量年度变化情况

2. 国产与进口乘用车平均燃料消耗量变化

国产和进口乘用车的平均燃料消耗量实际值分别减少至 6.98 L/100km 和 8.33 L/100km。2015 年，国产和进口乘用车平均燃料消耗量继续降低，分别达到 6.98 L/100km 和 8.33 L/100km。国产乘用车平均燃料消耗量目标值增加至 7.49 L/100km，进口乘用车日标值小幅减少至 9.19 L/100km。国产和进口乘用车实际值 /100% 目标值不断下降，进口乘用车降低幅度更大，达标质量逐年提升。具体如图 8-2 所示。

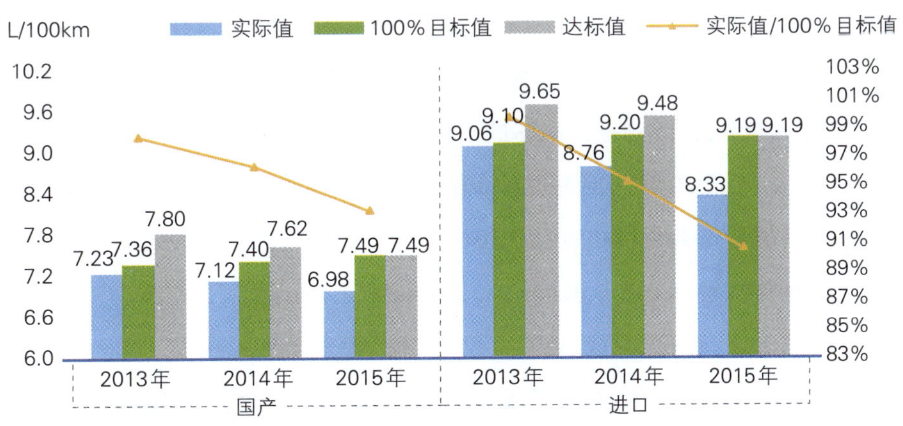

（数据来源：中国汽车技术研究中心数据资源中心）

图 8-2　国产和进口乘用车平均燃料消耗量年度变化情况

3. 自主与合资乘用车平均燃料消耗量变化

自主企业乘用车平均燃料消耗量实际值高出合资企业 0.25 L/100km。2013 年至 2015 年，自主企业平均燃料消耗量不断升高，由 7.09 L/100km 增加至 7.16 L/100km，由于整备质量升高，目标值也不断攀升至 7.48 L/100km。合资企业平均燃料消耗量则呈现下降趋势，2015 年较 2014 年下降 2.68% 至 6.91 L/100km，低于自主企业 0.25 L/100km，目标值增加至 7.5 L/100km，达标质量优于自主企业。具体如图 8-3 所示。

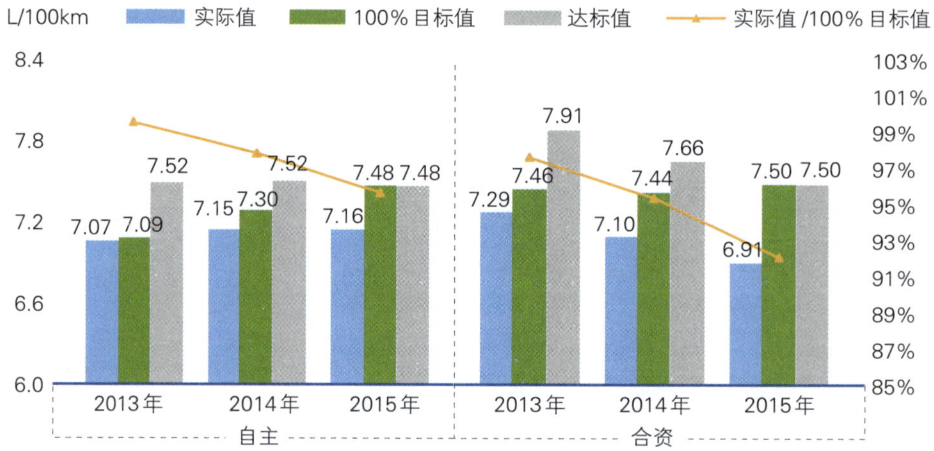

（数据来源：中国汽车技术研究中心数据资源中心）

图 8-3　自主和合资乘用车平均燃料消耗量年度变化情况

8.1.5.2　新能源汽车产业化进程及市场现状

1. 新能源汽车销量概述

根据汽车零售数据统计，2016 年，中国全年累计销售新能源汽车 48.4 万辆。细分各技术领域来看，纯电动车型销量 39.2 万辆，插电式混合动力车型销量 9.2 万辆，燃料电池车型销量 37 辆。其中纯电动产品是市场主力，占据近 81% 的市场份额，符合中国以纯电动为主的新能源汽车的产业政策发展路径；插电式混合动力车型产品稳步增长，成熟产品不断增多；燃料电池车型产品已从试验室研发阶段迈入商业化推广阶段，2016 年全年销量 37 辆。细分车型来看，新能源乘用车市场主导地位逐渐加强，2016 年累计销售 31.6 万辆，市场份额从 2009 年 34% 增至 2016 年 65%，涉及 50 家企业，市场表现较为集中，累计销量排名前十企业总销量占比 90%；新能源客车累计年销量为 12.2 万辆；新能源专用车全年销量仅有 4.6 万辆，所占新能源车的市场份额相对较低不到 10%，并且全部为纯电动车。

2. 新能源汽车使用领域概述

从推广领域来看，个人购买和单位购买数量比例大为增长。根据汽车零售数据统计，2016年全年，个人购买新能源汽车15.1万辆，单位购买新能源汽车15.4万辆，加和占比总数63%；公共领域累计推广12.6万辆，公交车和出租租赁用车成为主要推广行业，分别完成8.7万辆和3.9万辆，占新能源汽车总数的18%和8%。具体如图8-4所示。

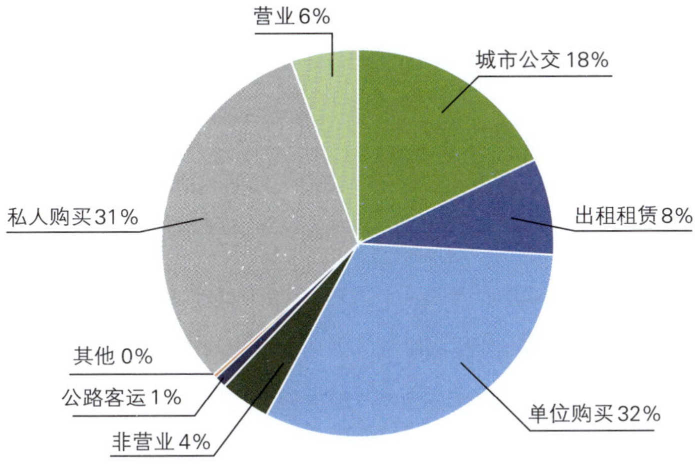

（数据来源：中国汽车技术研究中心数据资源中心）

图8-4　2016年中国新能源汽车不同使用性质分布

从技术类型来看，纯电动汽车得益于国家大力推广，单位购买销量最多，占比达35%，但值得注意的是，私人购买销量仅次于单位购买数量，占比25%，仅次于单位购买数量，表明市场接受度正在逐渐改变；而插电式新能源乘用车，个人购买销量最多，占比高达56%，主要为乘用车产品。具体如图8-5所示。

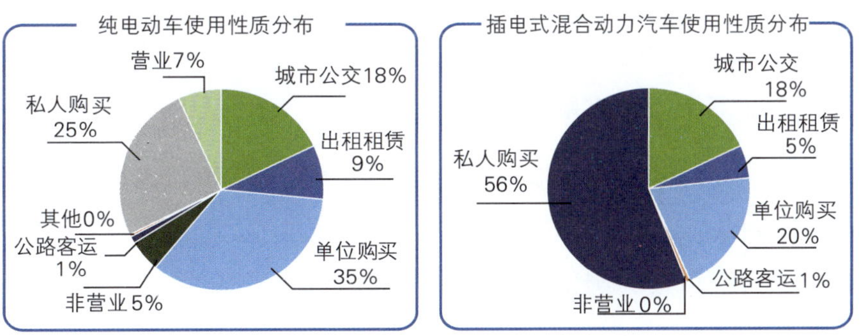

（数据来源：中国汽车技术研究中心数据资源中心）

图8-5　2016年中国新能源汽车不同技术类型不同使用性质分布

3. 新能源汽车区域推广概述

从推广数量来看，2016年全年，31个省、直辖市和自治区累计推广应用新能源汽车48.4万辆。其中，推广数量超5万辆的省市有3个，依次是北京、广东和上海，占推广总量的40.9%；推广数量在1万~5万辆之间的省市有12个，包括山东、山西、浙江、天津等省市，占推广总量的49.49%，推广数量不足1 000辆的省市仅4个。

8.1.6 节能与新能源汽车发展关键技术

8.1.6.1 节能汽车先进技术

1. 发动机热效率改进

（1）直喷技术

直喷技术是指将燃油喷嘴喷油器安装于气缸内，以压力较高的燃油直接喷入气缸内与进气混合，并通过优化和匹配设计，进一步提高喷射压力，使燃油雾化的效果更为细致，真正做到精准地按比例控制喷油，让燃油和空气能够在整个气缸内进行均匀的混合，从而实现燃油充分燃烧的一种技术。

采用缸内直喷技术可提升功率、扭矩和压缩比，较多点喷射发动机节油2%~5%。目前国外各大整车厂商已广泛采用此项技术，自主车企采用此项技术的比例不断提升。

（2）增压技术

① 涡轮增压。涡轮增压技术是一种利用排出废气的能量冲击排气管道中的涡轮，同时带动进气管道的涡轮，使进气压力提升后送入到气缸，从而提高发动机功率的技术。涡轮增压技术能提高发动机的功率和扭矩，通过减小原来发动机的排量来节能。通过增压技术带来发动机气缸数的减少时（如V8减为V6、V6减为L4、L4减为L3等），节能效果更佳。减小排量后的发动机能够使用热效率较高的区域，节能效果为4%~10%。

② 机械增压。机械增压技术是指发动机通过机械增压器，在进气过程中将更多的空气压入发动机气缸，使发动机达到更大的功率扭矩的一种增压技术。与涡轮增压技术相比，机械增压技术的动力输出更加流畅，但动力提升和能耗降低效果稍弱。

（3）可变气门升程技术

可变气门升程技术是一种根据汽车运行情况来调节发动机气门升程的技术。传统发动机的气门升程是固定不可变的，凸轮型线设计是对发动机在全工况下的平衡选择，其结果是发动机既得不到最佳的高效速率，也得不到最佳的低速扭矩。采用可变气门升程技术，可使发动机在高速区和低速区都能得到满足需求的气门升程，从而改善发动机高速功率和低速扭矩，提升整车的动力及燃油经济性能。一般来说，可变气门升程技术使整车能耗降低 4%~8%。

（4）米勒循环技术

米勒循环发动机与奥托循环发动机非常类似，其不需要改变发动机的冲程，而是通过改变进气门的关闭时刻控制缸内气体压缩终了的温度和压力从而灵活的抑制爆震，同时，保持较大的膨胀比。米勒循环不但能够提高发动机的热效率，并且在部分负荷还能够减小发动机的泵气损失提高发动机的燃油经济性。特别是在中小负荷这一改善作用更加明显。近年来米勒循环技术已成为现代发动机提高热效率，改善燃油经济性的重要技术手段。

2. 高效变速器

（1）双离合自动变速箱（DCT）

DCT 融合了手动变速箱和自动变速箱二者的优点。一个离合器控制单数挡位齿轮，另一个离合器控制双数挡位齿轮。当一个挡位正在工作时，相邻挡位的齿轮进入啮合状态，当换挡时刻来临就可以只通过操作离合器来实现换挡。相较于 4AT，该技术可大幅降低动力传输中的损耗，降低能耗 2%~7.5%。

（2）无级变速器（CVT）

CVT 是通过主动轮与从动轮的可动盘做轴向移动来改变主动轮、从动轮锥面与 V 型传动带啮合的工作半径，从而改变传动比。可动盘的轴向移动量是由驾驶者根据需要通过控制系统调节主动轮、从动轮液压泵油缸压力来实现的。由于主动轮和从动轮的工作半径可以实现连续调节，从而实现了无级变速。CVT 的传动系统理论上挡位可以无限多，挡位设定更为自由，也更容易达到齿轮比、速比以及性能、油耗、废气排放的平衡。CVT 传动的机械效率更高，燃油经济性好，驾驶舒适。相较于 4AT，CVT 一般可降低能耗 2%~6%。

8.1.6.2 新能源汽车先进技术

1. 未来汽车最理想能源——燃料电池

燃料电池是将化学能转化为电能的发电装置，不是通常所说的电池。其能量的来源主要是依靠不断供给燃料及氧化剂产生，而且能量转换效率高、无污染、寿命长、运行平稳，被业界公认为未来汽车的最佳能源。

就当今市场而言，燃料电池汽车离我们并不遥远。2015 年年底，丰田汽车公司正式在日本国内发售氢燃料电池车“MIRAI”（未来），其续航里程能达到约 700 km，在行驶过程中只排放水。MIRAI 的工作原理为：储氢罐中的氢气与车头吸入的氧气在燃料电池内发生反应，产生的电能驱动电机从而带动车辆，而反应产生的剩余电能会存入储能电池中。位于车身后部的两个储气罐最大可存储 5 kg 氢燃料，通常情况下，3 min 就可以完成氢燃料补给。

2. 新型电池技术前瞻——物理电池

物理电池是依靠物理变化来提供、储存电能的电池统称，如瞬间充满电的超级电容、比功率达 5 000~10 000 W/kg 的飞轮电池等都属于物理电池家族的成员。

（1）超级电容

超级电容是一种介于传统电容与电池之间的电源元件，功率密度高达 300~500 W/kg，是普通电池的 5~10 倍。它主要依靠双电层和氧化还原假电容电荷储存电能，其间不发生化学反应，因此被归为物理电池的范畴。相比化学电池，超级电容有三大明显优势。

① 反复充、放电次数达十万次（传统化学电池只有几百至几千次），寿命上要比化学电池高出很多；

② 超级电容在充、放电时的功率密度极高，瞬间可放出大量电能，可满足车辆更加宽泛的电力需求；

③ 工作环境适应能力更佳，通常室外温度在 –40℃ ~ 65℃时，其都能稳定正常工作（传统电池一般为 –20℃ ~ 60℃）。

（2）飞轮电池

飞轮电池是 20 世纪 90 年代提出的一种新概念电池，它是利用类似飞轮转动时产生能量的原理实现充、放电。大名鼎鼎的“保时捷 911 GT3 混合动力赛车”以及被评为当今四大神车之一的“保时捷 918 Spyder”均在两前轮处安装有飞轮电池，飞轮技术将制动所收集的动能转化为电能，并将能量存储于一个飞轮之中。在加速过程中，该能量将转移至前轮，在提高加速的同时减少内燃机的燃油消耗。

由于技术和材料价格的限制，飞轮电池的价格相对较高，在小型场合还无法体现其优势。但在太空、大规模交通运输以及军事方面需要大型储能装置的场合，飞轮电池已得到逐步应用。

3. 开关磁阻电动机

开关磁阻电动机（Switched Reluctance Drive，SRD）是继变频调速系统、无刷直流电动机调速系统之后发展起来的最新一代无级调速系统，是集现代微电子技术、数字技术、电力电子技术、红外光电技术及现代电磁理论、设计和制作技术为一体的光、机、电一体化高新技术。它具有调速系统兼具直流、交流两类调速系统的优点。开关磁阻电机能覆盖功率范围 10 W~5 MW 的各种高低速驱动调速系统。

开关磁阻电动机的运行遵循磁阻最小原理——磁通总要沿磁阻最小的路径闭合。而具有一定形状的铁心在移动到最小磁阻位置时，必使自己的主轴线与磁场的轴线重合。它的结构比其他任何一种电动机都要简单，在电动机的转子上没有滑环、绕组和永磁体等，只是在定子上有简单的集中绕组，绕组的端部较短，没有相间跨接线，维护修理容易，因而可靠性好。转速可达 15 000 r/min，效率可达 85% ~ 93%，比交流感应电动机要高，更加适合电动汽车动力性能要求。

开关磁阻电机还具有在较宽转速和转矩范围内高效运行、控制灵活、可四象运行、响应速度快、成本较低等优点。工艺性好，适用于高速，环境适应性强；电机转矩的方向与绕组电流的方向无关；适用于频繁启停以及正反向转换运行；启动电流小，转矩大；可控参数多，调速性能好；具有较强的再生制动能力；定子和转子的材料均采用硅钢片，易于获取和回收利用。

开关磁阻电动机驱动系统的核心是开关磁阻电动机（SRM），它涉及电动机、电力电子、微机、控制、光电转换、角度测量等多学科知识，结构比较复杂，控制系统要求也比较独特，感应电动机和永磁同步电动机的控制方法通常难以满足系统的控制要求。目前电动汽车应用较少。它的主要研究方向是模型研究。由于开关磁阻电机具有明显的非线性特性，系统难于建模，一般的线性控制方式不适于开关磁阻电机系统，目前主要利用模糊逻辑控制、神经网络控制等。

它的控制系统包括功率变换器、控制器和位置传感器及速度检测器等部分。

（1）功率变换器

开关磁阻电动机的励磁绕组，无论通过正向电流或反向电流，其转矩方向不变，每相只需要一个容量较小的功率开关管，功率变换器电路较简单，不会出现直通故障，可靠性好，易于实现系统的软启动和四象限运行，具有较强的再生制动能力。成本比交流三相感应电动机的逆变器控制系统要低。

（2）控制器

控制器由微处理器、数字逻辑电路等元件组成。微处理器根据驾驶员输入的命令，同时对位置检测器、电流检测器所反馈的电动机转子位置，进行分析、处理，并在瞬间做出决策，发出一系列执行命令，来控制开关磁阻电动机适应电动汽车不同条件下运行。控制器性能好坏和调节的灵活性，取决于微处理器的软件和硬件的性能配合关系。

（3）位置检测器

开关磁阻电动机需要高精度的位置检测器，来为控制系统提供电动机转子的位置、转速和电流的变化信号，并要求有较高的开关频率以降低开关磁阻电动机的噪声。

4．新能源汽车充电方案

图 8-6 为一种可参考的新能源汽车充电解决方案，充电系统包括：配电系统（高压配电柜、变压器、无功补偿装置和低压开关柜）、充电系统（充电柜和充电机终端）以及储能系统（储能电池与逆变器柜）。无功补偿装置解决充电系统对电网功率因数影响，充电柜内充电机一般都具备源滤波功能、解决谐波电流和功率因数问题。储能电池和逆变器柜解决老旧配电系统无法满足充电站容量要求的问题，并起到削峰填谷作用，在不充电时进行储能，大容量充电且配电系统容量不足时释放所储能量进行充电。风力发电和光伏发电可以为充电系统提供清洁能源，尽量减少从电网取电。

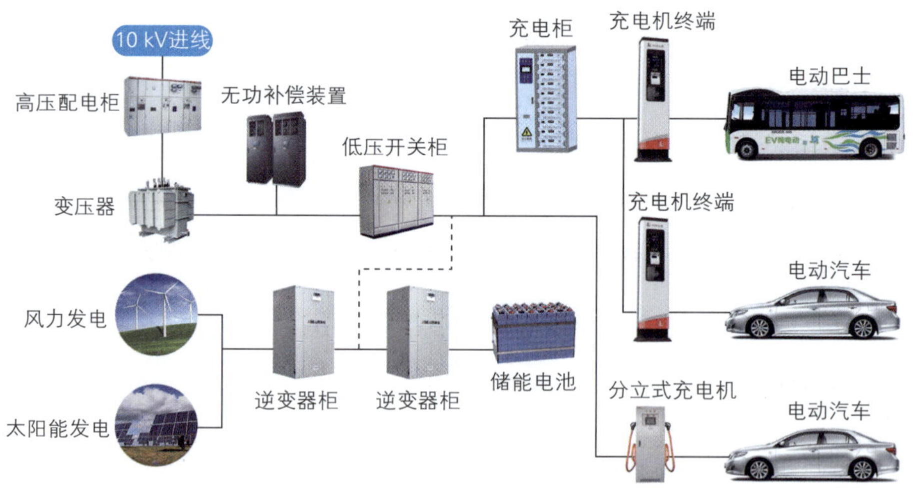

图 8-6　充电系统组成

8.2　生态汽车评价发展现状

在充分研究并借鉴国际先进经验的基础上，结合我国汽车标准、技术和经济发展水平，基于生态设计的理念，针对汽车产品全生命周期主要环境影响指标的综合性评价规则——《中国生态汽车评价规程》（China Eco-Car Assessment Programme，C-ECAP）于 2015 年正式制订完成。

《中国生态汽车评价规程》提出了在安全之外的健康、节能、环保 3 个方面对汽车产品进行标准严格、试验规范、权威公正的生态性能评价，评价属于汽车产品自愿性认证范畴，最终评价结果以直观并量化的等级评价——白金、金、银、铜牌形式进行发布。随着汽车产品生态设计技术的不断发展和相关标准的不断更新，《中国生态汽车评价规程》将会继续完善，进而推动汽车产品生态设计的进步，引领汽车产业链实现绿色低碳发展和绿色消费，提升创新开发能力和管理水平，培育产品品牌影响力，促进汽车行业健康可持续发展。

8.2.1　C-ECAP 介绍

在国家实施绿色发展、《中国制造 2025》和供给侧改革的宏观背景下，C-ECAP 是在国家认监委备案的企业自愿性产品认证，是基于生态设计理论和“领跑者”理念，在汽车产品的全生命周期内，对汽车产品健康、节能、环保等绩效指标进行的综合性评价。C-ECAP 评价旨在引导汽车绿色消费，促进汽车生产企业肩负社会责任，推动汽车产业链绿色低碳发展。

中国生态汽车评价指标由基础指标和加分指标构成，综合分数满分为 105 分。其中，基础指标（车内空气质量、车内噪声、有害物质、综合油耗、尾气排放）满分为 100 分，加分指标（可再利用率和可回收利用率核算报告、企业温室气体排放报告、零部件生命周期评价报告）满分为 5 分。根据综合分数，中国生态汽车评价结果见表 8-10。

表 8-10　生态汽车评价结果

总分	发布结果	奖牌类型	认证注册
≥ 90 分	具体分数 + 奖牌	白金牌	是
≥ 80 且 <90 分		金牌	
≥ 70 且 <80 分		银牌	
≥ 60 且 <70 分		铜牌	
<60 分	具体分数	—	否

1. 车内空气质量

以《乘用车内空气质量评价指南》（GB/T 27630）中的限值要求为零分基准，以限值 ×0.1 为满分基准，以 3 辆车试验平均值 / 基准值所获得结果作为得分系数判定依据，车内空气质量得分系数计算见表 8-11。

表 8-11　车内空气质量得分系数计算

名称		基准值 /（mg/m^3）	测量值 / 基准值	得分系数
车内空气质量	苯	0.11	≥ 1	0
			≥ 0.9 且 <1	0.1
	甲苯	1.10	≥ 0.8 且 <0.9	0.2
	二甲苯	1.50	≥ 0.7 且 <0.8	0.3
	乙苯	1.50	≥ 0.6 且 <0.7	0.4
			≥ 0.5 且 <0.6	0.5
	苯乙烯	0.26	≥ 0.4 且 <0.5	0.6
	甲醛	0.10	≥ 0.3 且 <0.4	0.7
	乙醛	0.05	≥ 0.2 且 <0.3	0.8
			≥ 0.1 且 <0.2	0.9
	丙烯醛	0.05	<0.1	1.0

2. 车内噪声

以《声学 汽车车内噪声测量方法》（GB/T 18697）为车内噪声检验标准，选择 60 km/h 匀速行驶车内噪声作为评价工况，以 65 dB（A）为零分基准，以 55 dB（A）为满分基准，以 3 辆车的试验平均值作为实验结果，车内噪声得分系数划分见表 8-12。

表 8-12　车内噪声得分系数划分

名称	测量值 /dB（A）	得分系数
车内噪声	≥ 65.0	0
	≥ 63.5 且 <65.0	0.1
	≥ 62.0 且 <63.5	0.2
	≥ 61.0 且 <62.0	0.3
	≥ 60.0 且 <61.0	0.4
	≥ 59.0 且 <60.0	0.5
	≥ 58.0 且 <59.0	0.6
	≥ 57.0 且 <58.0	0.7
	≥ 56.0 且 <57.0	0.8
	≥ 55.0 且 <56.0	0.9
	<55.0	1.0

3. 有害物质

以《汽车禁用物质要求》(GB/T 30512)和其附录A《禁用物质的豁免》的标准要求为依据标准，分别确定有害物质高风险零部件清单和有害物质豁免零部件清单。根据企业提交资料中材料数据表单 ID 信息，基于中国汽车材料数据系统（CAMDS）中的材料数据信息，对评价车型有害物质情况进行评定，评定流程如下。

① 对《有害物质高风险零部件清单》中所有零部件材料的有害物质情况进行检查，统计其中完全不含有害物质的材料种类数量，计算其占材料种类总数的比例，得分系数 = 高风险零部件不含有害物质材料种类总数 / 高风险零部件材料种类总数。

② 对《有害物质豁免零部件清单》中所有豁免零部件材料的有害物质提前达标情况进行检查，统计其中提前达标材料数量，计算其占零部件总数的比例，得分系数 = 豁免零部件提前达标数 / 豁免零部件总数。

③ 在不拆解车辆，且不对零部件进行破坏性试验的原则下，通过相关专业检验设备对样车中不含有害物质高风险零部件材料进行抽样检验并与其材料数据表单进行对比，材料数据表单中显示不含且设备未检出，视为符合；否则该零部件材料统计时判定为含有害物质。

4. 综合油耗

以《乘用车燃料消耗量限值》（GB19578）中的限值要求为零分基准，零分系数为 0，以《乘用车燃料消耗量评价方法及指标》（GB27999）中的目标值要求为满分基准，满分系数为 1，以 3 辆车的试验平均值作为实验结果，采用线性插值法进行综合油耗得分系数计算，综合油耗得分系数计算见表 8-13 所列。

表 8-13　综合油耗得分系数计算

整备质量 /kg	零分基准 /（L/100 km）		满分基准 /（L/100 km）	
	限值 1	限值 2	目标值 1	目标值 2
CM ≤ 750	5.2	5.6	4.3	4.5
750<CM ≤ 865	5.5	5.9	w4.3	4.5
865<CM ≤ 980	5.8	6.2	4.3	4.5
980<CM ≤ 1 090	6.1	6.5	4.5	4.7
1 090<CM ≤ 1 205	6.5	6.8	4.7	4.9

（续表）

整备质量 /kg	零分基准 /（L/100 km）		满分基准 /（L/100 km）	
	限值 1	限值 2	目标值 1	目标值 2
1 205<CM ≤ 1 320	6.9	7.2	4.9	5.1
1 320<CM ≤ 1 430	7.3	7.6	5.1	5.3
1 430<CM ≤ 1 540	7.7	8.0	5.3	5.5
1 540<CM ≤ 1 660	8.1	8.4	5.5	5.7
1 660<CM ≤ 1 770	8.5	8.8	5.7	5.9
1 770<CM ≤ 1 880	8.9	9.2	5.9	6.1
1 880<CM ≤ 2 000	9.3	9.6	6.2	6.4
2 000<CM ≤ 2 110	9.7	10.1	6.4	6.6
2 110<CM ≤ 2280	10.1	10.6	6.6	6.8
2 280<CM ≤ 2 510	10.8	11.2	7.0	7.2
2 510<CM	11.5	11.9	7.3	7.5

5. 尾气排放

以《轻型汽车污染物排放限值及测量方法（中国第五阶段）》（GB18352.5）中的 I 型试验排放限值要求为零分基准，以限值 ×0.3 为满分基准，以 3 辆车实测平均值 × 标准推荐的劣化系数 / 限值作为实验结果进行得分系数评定，尾气排放得分系数计算见表 8-14。

6. 可再利用率和可回收利用率核算报告

基于中国汽车材料数据系统（CAMDS）中的材料数据信息，按照《道路车辆可再利用性和可回收利用性计算方法》（GB/T 19515）要求进行可再利用率和可回收利用率核算，并提交《可再利用率和可回收利用率核算报告》，要求可再利用率≥ 85% 且可回收利用率≥ 95%。

7. 企业温室气体排放报告

按照《组织层次上对温室气体排放和清除的量化和报告的规范及指南》（ISO 14064-1）标准要求提交《企业温室气体排放报告》。

8. 零部件生命周期评价报告

按照《环境管理 生命周期评价 原则与框架》（GB/T 24040）、《环境管理 生命周期评价 要求与指南》（GB/T 24044）标准要求提交《零部件生命周期评价报告》。

表 8-14　尾气排放得分系数计算

名称		基准质量（RM）/kg	限值							
			CO		THC		NMHC		NOx	
			L_1/(g/km)		L_2/(g/km)		L_3/(g/km)		L_4/(g/km)	
类别	级别		PI	CI	PI	CI	PI	CI	PI	CI
第一类车	—	全部	1.00	0.50	0.100	—	0.068	—	0.060	0.180
第二类车	Ⅰ	RM ≤ 1305	1.00	0.50	0.100	—	0.068	—	0.060	0.180
	Ⅱ	1 305 ＜ RM ≤ 1 760	1.81	0.63	0.130	—	0.090	—	0.075	0.235
	Ⅲ	1760 ＜ RM	2.27	0.74	0.160	—	0.108	—	0.082	0.280

名称		基准质量（RM）/kg	限值					
			THC+NOx		PM		PN	
			L_2+ L_4/(g/km)		L_5/(g/km)		L_6/(g/km)	
类别	级别		PI	CI	PI(1)	CI	PI	CI
第一类车	—	全部	—	0.230	0.004 5	0.004 5	—	6.0×10^{11}
第二类车	Ⅰ	RM ≤ 1 305	—	0.230	0.004 5	0.004 5	—	6.0×10^{11}
	Ⅱ	1 305 ＜ RM ≤ 1 760	—	0.295	0.004 5	0.004 5	—	6.0×10^{11}
	Ⅲ	1 760 ＜ RM	—	0.350	0.004 5	0.0045	—	6.0×10^{11}

测量值 / 限值	得分系数
≥ 1.00	0
≥ 0.90 且 <1.00	0.1
≥ 0.80 且 <0.90	0.2
≥ 0.70 且 <0.80	0.3
≥ 0.60 且 <0.70	0.4
≥ 0.50 且 <0.60	0.5
≥ 0.45 且 <0.50	0.6
≥ 0.40 且 <0.45	0.7
≥ 0.35 且 <0.40	0.8
≥ 0.30 且 <0.35	0.9
<0.30	1.0

注：PI= 点燃式 CI= 压燃式，仅适用于装缸内直喷发动机的汽车。

8.2.2 C-ECAP 进展

自 2015 年 7 月 C-ECAP 评价工作正式启动以来，已经完成 4 批 14 家企业 17 款车型的认证工作，在评车型 10 余款。参评企业涵盖一汽大众、东风日产、上汽大众、广汽本田、长安福特、上汽通用、一汽丰田、神龙汽车等 10 余家主流合资品牌，以及广汽乘用车、长城汽车、吉利汽车、奇瑞汽车、北汽股份、长安汽车等国内主流自主品牌。2016 年销量排名前二十的整车企业已经全部参与到 C-ECAP 评价中来，参评车企汽车销量占中国汽车总销量的 80% 以上。

参评企业以 C-ECAP 为契机，加强绿色品牌宣传。企业从生态汽车展销、绿色工厂解密、生态汽车 4S 店、生态汽车宣传视频等多种活动形式参与 C-ECAP 评价，有效地向消费者展示了车型的生态性能，进而助力参评车型的销量。

除此之外，随着 C-ECAP 评价影响力的不断提升，多家企业已经制定 C-ECAP 评价中长期规划，以 C-ECAP 评价规程作为汽车正向开发的依据，生产健康、节能、环保的生态汽车。主要技术改进包括汽车 LCA 研究的引入、低 VOCs 材料应用、节能技术研究等。

8.2.3 C-ECAP 参评车型指标分析

截至 2016 年年底，从已经参评的 17 款车型得分情况来看，已参评车型的整体生态性能水平领先于行业平均水平。具体如图 8-7 所示。

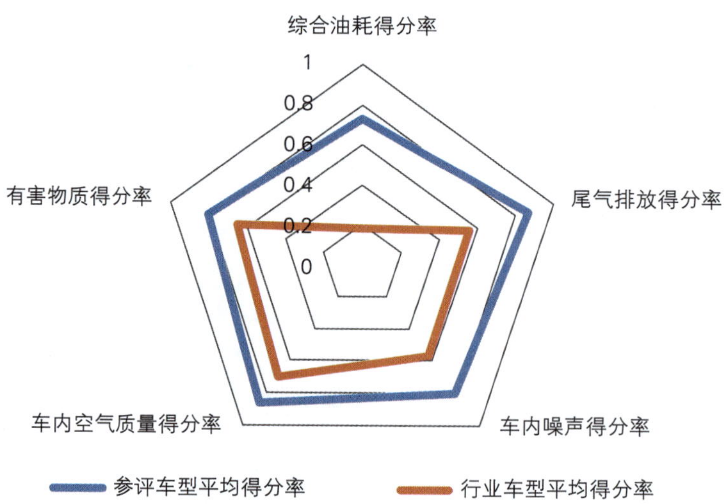

（数据来源：中国汽车技术研究中心数据资源中心）

图 8-7　各车型各指标得分率分布

1. 综合油耗指标

如图 8-8 所示，参评车型平均得分率与行业车型平均得分率之差为 55%，C-ECAP 评价体系下得分之差为 16.5 分；参评车型中最高得分率与最低得分率之差为 48%，C-ECAP 评价体系下得分之差为 14.4 分。

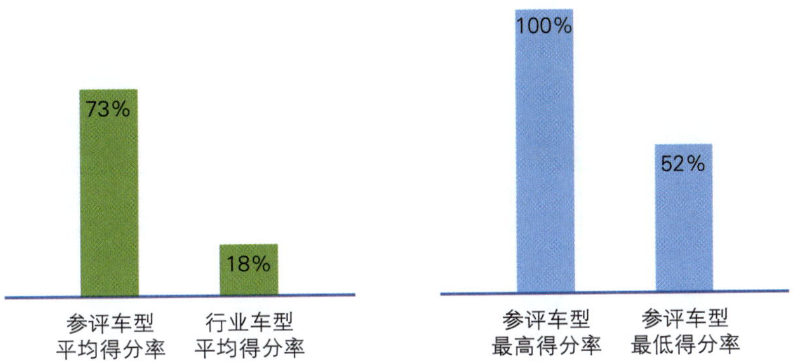

（数据来源：中国汽车技术研究中心数据资源中心）

图 8-8　综合油耗指标得分率

2. 尾气排放指标

如图 8-9 所示，参评车型平均得分率与行业车型平均得分率之差为 31%，C-ECAP 评价体系下得分之差为 9.3 分；参评车型中最高得分率与最低得分率之差为 38%，C-ECAP 评价体系下得分之差为 11.4 分。

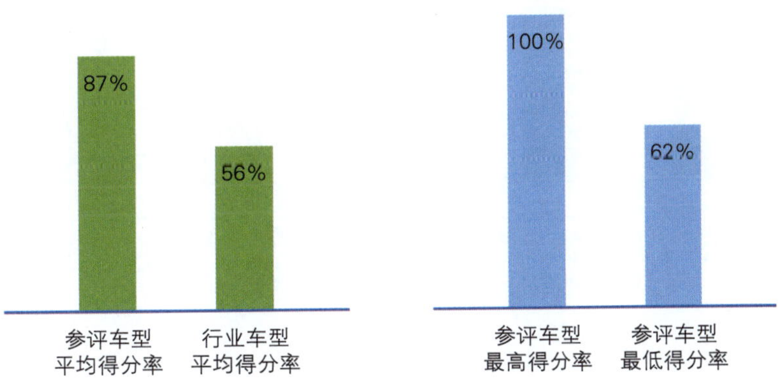

（数据来源：中国汽车技术研究中心数据资源中心）

图 8-9　尾气排放指标得分率

3. 车内噪声

如图 8-10 所示，参评车型平均得分率与行业车型平均得分率之差为 23%，C-ECAP 评价体系下得分之差为 2.8 分；参评车型中最高得分率与最低得分率之差为 40%，C-ECAP 评价体系下得分之差为 4.8 分。

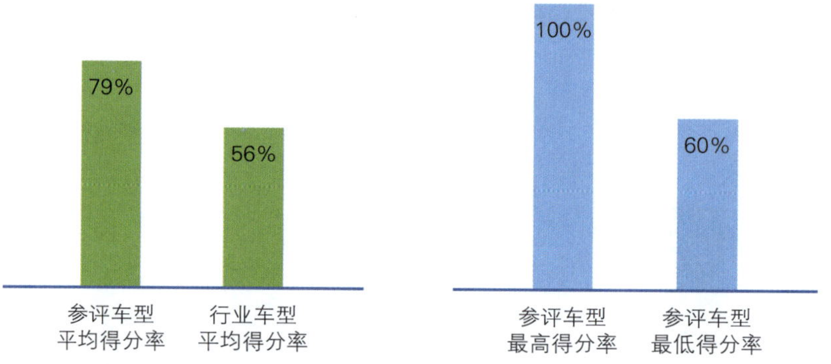

（数据来源：中国汽车技术研究中心数据资源中心）

图 8-10　车内噪声指标得分率

4. 车内空气质量

如图 8-11 所示，参评车型平均得分率与行业车型平均得分率之差为 16%，C-ECAP 评价体系下得分之差为 2.6 分；参评车型中最高得分率与最低得分率之差为 21%，C-ECAP 评价体系下得分之差为 3.4 分。

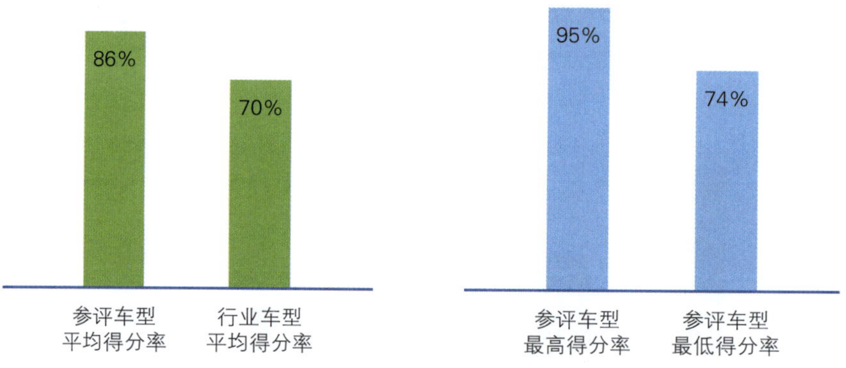

（数据来源：中国汽车技术研究中心数据资源中心）

图 8-11　车内空气质量指标得分率

5. 有害物质

如图 8-12 所示，参评车型平均得分率与行业车型平均得分率之差为 15%，C-ECAP 评价体系下得分之差为 1.8 分；参评车型中最高得分率与最低得分率之差为 20%，C-ECAP 评价体系下得分之差为 2.4 分。

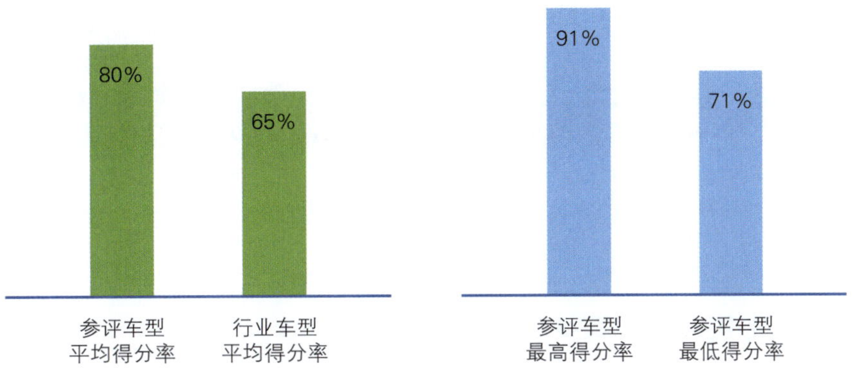

（数据来源：中国汽车技术研究中心数据资源中心）

图 8-12　有害物质指标得分率

8.2.4　C-ECAP 影响力

绿色发展是当前我国经济社会的基本理念，C-ECAP 评价先试先行，首开先河的从汽车产品全生命周期着手，引领行业绿色低碳发展，获得了政府主管部门的高度认可。作为世界最大的汽车市场，C-ECAP 已经成为中国引领世界汽车工业绿色发展的“风向标”。

目前，C-ECAP 评价规程已被国内多家乘用车企业作为正向开发的重要依据，成为企业开发绿色车型的重要指南。参评企业通过大力宣传生态车型，车型的生态品质为其销售助力。

同时，C-ECAP 评价工作为绿色消费提供了权威数据。中央电视台、新华社、中国消费者报、中国汽车报在内的 100 余家主流媒体新闻报道已达 230 余万条，引起了社会的广泛关注。截至 2016 年年底，C-ECAP 评价新闻传播量已经超过 1 亿人次。随着消费者对车内空气质量、车辆环保性能等方面要求的提升，C-ECAP 评价结果将会成为消费者购车的重要参考。

第 9 章 报废汽车回收拆解发展现状

9.1 报废汽车回收拆解相关法规现状

9.1.1 我国报废汽车回收拆解政策现状

1.《报废汽车回收管理办法》修改进展

2016 年 9 月 19 日，国务院法制办公室公布《国务院关于修改〈报废汽车回收管理办法〉的决定（征求意见稿）》（以下简称《征求意见稿》）及说明全文，主要内容包括：① 删去道路交通安全方面的规定，聚焦于调整规范回收拆解行为；② 进一步完善相关许可制度，一是优化报废汽车资格许可条件，二是对报废汽车回收拆解行业实行先照后证制度，并相应删去法律责任部分有关规定，三是删去了对回收企业实行特种行业许可的规定；③ 加强环境保护，强化对回收行业的事中事后监管，增加环保部门作为联合审批部门，在许可条件中增加环保相关要求，并进一步明确环保部门的事中事后监管职责，加大了对有关违法行为的处罚力度；④ 适应循环经济发展需要，允许将报废汽车"五大总成"交售给再制造企业；⑤ 删去报废汽车的收购价格参照废旧金属市场价格计价的规定，由市场主体自主协商；⑥ 为了与道路交通安全法实施条例的有关规定相衔接，将现行办法中车主取得报废汽车回收证明后自行向公安机关办理注销登记的规定，改为按照道路交通安全法律、行政法规的规定办理。

《征求意见稿》增加促进汽车行业循环经济发展的相关因素，是对原办法原则的重要更新，一旦发布实施，预计未来会对报废汽车回收拆解以及资源综合利用行业发展产生以下影响。

一是促进行业规范竞争。随着"资格认证制度"的明确，以及优化报废汽车资格许可条件，回收拆解企业准入的"环保门槛"提高，有利于更多具备相应条件的企业进入该行业，在确保全行业环境管理水平基础上，实现更加公平、有序的市场竞争，使得行业发展"有进有退"，保持市场活力。

二是利于行业良性发展。在报废汽车回收利用行业，"劣币逐良币"的现象由来已久，现有管理模式也普遍被认为滞后于市场的发展，带来诸多不利影响。"五大总成"再制造以及报废汽车收购计价的放开，对于报废汽车收售的市场化运作，资源价值的深度发掘具有重大意义。

三是推动行业的技术进步。长期以来，回收拆解行业呈现散、乱、差的特征，普遍存在经营分散、不规范以及技术水平低下的问题，国家一直通过升级改造专项资金推动行业升级。通过加强事中事后监管，结合市场机制作用，将促进全行业更加重视先进技术的开发与应用，通过技术提升拆解效率以及资源的多层次利用价值。

2. 汽车生产者责任延伸试点示范重点工作内容

2016 年，工信部依托行业科研机构启动该项工作，组织开展试点方案的研究。试点工作将以汽车产品生产者为责任主体，以报废汽车回收和资源化利用为重点，按照产品全生命周期管理理念，最大限度地减少环境污染，提升资源利用效率，探索建立适合我国国情的汽车产品生产者责任延伸制度实施模式，为建立完善的汽车产品生产者责任延伸制度奠定基础。试点工作将围绕以下几个重要方面开展。① 提升产品环保性能：在汽车产品生产设计环节注重产品的环保性能提升，充分考虑产品在使用、报废以及回收过程中对环境的影响。② 开展回收体系建设：推动汽车生产企业与回收拆解企业直接合作或委托第三方机构组织进行产品回收，共建报废汽车回收网络，开展回收过程标准化建设，提高规范化水平；依托汽车的销售渠道、维修网点等逆向物流优势建立汽车旧件的回收体系；通过适当途径向消费者提供报废汽车网点等信息，引导报废汽车进入规范化回收渠道。③ 提升资源化利用水平：鼓励汽车生产企业与回收拆解企业、零部件再制造企业、材料再利用企业等建立合作机制，开展汽车产品绿色拆解、零部件再制造、废旧材料高附加值再利用等关键共性技术的研发应用。④ 探索信息化技术应用：充分发挥大数据、物联网、云计算等信息化技术在汽车产品生产者责任延伸方面的支撑作用，通过信息管理系统实现对于报废汽车回收利用过程的动态管理及逆向追溯；通过二维码、电子标签等方式实现二手零部件及再制造件的快速识别和溯源；通过信息网络平台推动汽车旧零部件的回收及二手零部件和再制造件的销售等。

9.1.2 我国报废汽车回收拆解技术规范现状

《报废汽车拆解指导手册编制规范》的提出是为了保证报废汽车的无害化处理，规范汽车生产企业《报废汽车拆解指导手册》（以下简称《手册》）的编制，帮助和指导回收拆解企业高效、安全地完成拆解作业，科学、环保地处理废弃物，提升报废汽车回收拆解行业的环保水平和回收能力。

标准统一规定了汽车生产企业编制《手册》的格式和内容。主要包括：范围（适用于 M_1、N_1 类汽车）、术语定义以及总体编制原则、编制条目及要求等。编制原则上，要求《手册》编制单位应本着适应性、规范性、易读性的原则进行编制。《手册》内容至少包括但不限于以下 5 部分，具体包括引言、名词解释、总体说明、安全警示说明、汽车拆解流程及说明。其中汽车拆解流程及说明包括预处理和拆卸两个阶段内容，并且提出通用要求。

2016 年 12 月 30 日，GB/T 33460-2016《报废汽车拆解指导手册编制规范》已通过国家标准化管理委员会 2016 年第 27 号中国国家标准公告正式发布，并将于 2017 年 7 月 1 日起实施。

9.1.3 国外报废汽车回收政策现状

1. 美国报废汽车回收利用政策及修订情况

美国在报废汽车回收利用方面没有专门的联邦级法规，更多地进行产品责任延伸（Product Stewardship）要求的传递，即要求产品全生命周期涉及的所有相关方（包括生产者、制造商、零售商、使用者、回收处理者等）对于减少产品环境影响共同担责。美国报废汽车回收利用要求体现在美国主要环境法规中，所涉及的主要联邦环境法案包括如下。

① 资源节约和回收利用法案（RCRA）：规范危险废物的处理和处置。

② 清洁水法案：规范地表水、地下水的排放和保护。

③ 清洁空气法案：规范空气污染物排放。

④ 职业安全和健康法案：规范员工的安全、培训和就业。

此外，美国各州也有报废汽车回收利用的相关法规，包括电池管理、轮胎存储管理、废液管理、汽油管理、汞管理、安全气囊处理以及环境设计等。同时还涉及一些其他相关法律要求，如国家机动车标识信息系统、危险废物许可证、泄漏预防控制、零部件存储要求等。

2006 年 8 月，美国联邦、州、行业以及一些环境非营利组织共同发起了“美国车辆含汞开关回收项目（NVMSRP）”，通过自愿性的举措促进报废汽车回收拆解商在报废汽车粉碎之前移除含汞开关，对通过 NVMSRP 回收含汞开关的回收拆解商提供资金奖励。同时，汽车制造商联合成立了非营利性团体 ELVS 以协助 NVMSRP 进行报废汽车回收相关的培训，并具体负责从拆解商和再利用企业收集以及回收利用含汞开关。2009 年之后，虽然 NVMSRP 停止了资金奖励，但是在州级法律有相关规定或建立了州级基金的情况下，该项针对含汞开关的资金激励将继续进行，如缅因州制定法规要求汽车生产商对旧车含汞开关的收集和回收利用付费；爱荷华州 2006 年颁布免费回收汞的法案，建立“报废汽车含汞开关回收利用项目”，并对报废汽车回收商提供 5 美

元 / 个汞开关的激励费用。

此外，美国政策制定者和各级政府的关注采取各种措施促进轮胎的再利用和再使用，联邦级别的项目包括针对含再生材料产品以及环境友好产品的综合采购指南（如翻新轮胎），同时48个州已经针对报废轮胎的回收利用制定法规。目前，美国报废轮胎的处理方法已经从填埋向热能利用（水泥煤窑、工业锅炉、发电锅炉等）转变。

2. 韩国报废汽车回收利用政策及修订情况

韩国《电子电器设备和车辆资源回收利用法案》在报废汽车实际回收利用方面提出相关要求，目的是规定各方职责，从而提高报废汽车实际回收利用率，针对对象是报废汽车回收拆解企业，以及汽车生产企业和进口企业。

在实际回收利用方面，该法规要求在2009年1月1日至2014年12月31日之间，每辆车的实际回收利用率应达到85%以上，其中允许能量回收的部分为5%；自2015年1月1日之后，每辆车的实际回收利用率应达到95%以上，其中允许能量回收的部分为10%。报废汽车需分别进入拆解企业、粉碎企业、ASR回收企业及制冷剂回收企业进行处理。拆解企业承担的责任包括对报废汽车中的电池、液化石油气罐、安全气囊及制冷剂进行预处理，收集处理8类液体，并收集催化剂、轮胎、燃料罐等，而车体的剩余部分会被送往粉碎企业，制冷剂直接送至制冷剂回收企业进行处理。如果报废汽车的回收利用费用大于它的残值，则由汽车生产企业负责承担所有的处理费用；如果报废汽车残值大于它的回收利用费用，则由拆解企业承担所有的处理费用。

3. 日本报废汽车回收利用政策及修订情况

针对资源的循环利用，日本制定了涵盖产品生产、消费使用、回收、循环利用及废弃等全生命周期各环节的系列法律法规，形成了一套行之有效的资源循环利用法规管理体系。与汽车回收利用紧密相关的法规主要包括《资源有效利用促进法（3R法）》和《汽车回收再利用法》。

《资源有效利用促进法（3R法）》要求汽车等产品的设计者、生产者等采取措施提高产品的可再利用性，并促进再生资源或者再生零部件的利用，对于废物的处理由最初单纯的再生利用（Recycle）扩大为同时进行废物减量（Reduce）和旧件再使用（Reuse）。

《汽车回收再利用法》自2005年1月1日起正式生效，适用范围包括国内生产或国外进口的乘用车、客车、货车。该法要求汽车厂商及进口商对氟利昂、安全气囊、ASR(粉碎渣)进行回收、循环利用和正确处理，在管理体系中引入汽车回收再利用促进中心和再资源化协力机构，明确规定各相关方的责任和资源回收再利用费用；同时，该法还引进电子目录系统，对全部车辆进行编号，从而实现对汽车回收处理整个流程运行情况的追踪。

9.1.4 国外车报废汽车回收标准现状

1. 德国废旧车辆处理要求

德国于 2002 年 6 月 28 日生效的《废旧车辆处理法规》对车主的委托义务、汽车制造商和进口商的回收义务、拆解厂的资质认证和回收利用率、禁止使用重金属等作了明确规定。

该法规规定车主有义务委托被社会承认的报废汽车接收点、回收站或拆解厂对报废汽车进行回收处理，违反规定的将被处以最高达 5 万欧元的罚款。回收站有义务将其接收的报废车辆转给官方认可的拆解厂。汽车制造商和进口商有义务免费将其生产和经销的车辆从最后的车主手中回收，免费回收的前提是报废车辆必须含有发动机、车身、底盘、尾气催化净化器以及电子控制装置等主要零部件。自 2015 年起，平均每辆报废汽车的回收利用率要达到 95%，再利用率要达到 85%。自 2003 年 7 月 1 日起，禁止含有镉、汞、铅等重金属的使用。

2. 美国报废汽车回收利用指南

2001 年，美国能源部、汽车前期技术办公室和阿贡国家实验室共同完成了《未来报废汽车回收利用指南》，该指南对于未来 20 年影响汽车回收利用的关键因素进行了分析，包括材料和部件回收的经济价值、车辆材料组成、材料分选能力、有害材料等因素。在此基础上，该指南对 2020 年美国报废汽车在拆解、回收、分选、填埋方面的水平进行了预测，提出报废汽车回收利用率目标，并针对报废汽车回收利用在未来所面临的挑战提出应对策略。

该指南将报废汽车的材料再利用优先级列在粉碎处理之前，引导研究机构开展相应的研究工作，促进资源更有效的回收利用，主要的研究重点包括分析汽车产品的材料构成，降低重金属和其他有害物质的使用量，保证报废汽车回收利用率目标的实现，针对粉碎后残余物材料进行成分分析，寻找经济高效的材料分拣方法，实现报废汽车材料的回收利用等。

9.2 2016 年我国报废汽车回收利用行业发展现状

9.2.1 机动车回收拆解行业发展现状

1. 国内报废机动车及拆解回收企业概况

截至 2016 年年底，全国民用汽车保有量达 1.94 亿辆，同比增长 12.8%；新注册登记的汽车达 2 752 万辆，同比增长 15.4%；保有量净增 2 212 万辆，同比增长 24.2%。2016 年我国报废汽车回收拆解行业发展缓慢，全国获得拆解资质的企业数量 635 家，隶属回收网点维持在 2 300 个左右。报废汽车回收网点已覆盖全国 80%以上的县级行政区域。2016 年全国回收拆解报废机动车合计 300.56 万辆，同比增长 8.3%，其中报废汽车回收量 280 万辆，同比增长 7.7%，摩托车回收量 20.56 万辆，同比增长 17.3%。拆解再生资源总量合计 721.29 万吨，同比下降 17.3%。

2. 机动车回收拆解行业现状

回收拆解行业作为促进汽车产业循环发展的重要一环，对节约资源和能源、减少环境污染、保持生态平衡、拉动社会投资、带动社会就业、提高社会经济效益具有重要作用。2016 年数据显示，回收拆解行业全年回收报废机动车 300.6 万辆，同比增长 8.3%，为社会提供废钢铁、废有色金属、废塑料、废橡胶等再生资源超过 721.3 万吨，同比减少 17.3%，总价值为 108.2 亿元，同比减少 11.4%，促进了节能减排和循环经济发展。相关数据显示，近年来我国回收拆解行业总体呈现行业规模扩大、场地面积和资产总额迅速扩大、回用件销售额大幅度提升以及行业集中度不断提升的特点。

一是行业规模扩大。2015 年，全国获得拆解资质的企业数量 603 家，同比增加 1%；从业人员 2.8 万人。2016 年，全国获得拆解资质的企业数量 635 家，同比增长 5.3%；隶属回收网点维持在 2 300 个左右。

二是场地面积和资产总额迅速扩大。在行业企业数量、回收网点、从业人员基本情况变动不大的情况下，行业资产总额由 2013 年的 108 亿元，猛增至 2014 年的 380 亿元，一年间增长了 251%；场地面积也由 1 530 万 m^2，增至 1 824 万 m^2，增长 19.2%。

三是回用件销售额大幅度提升。报废汽车回用件的销售在全行业总销售额中的比重越来越大。2014 年回用件销售额 38.7 亿元，同比增长 706.3%，回用件销售额占总销售额的比重为 17%，同比提高了 6.8 个百分点，特别是北京、上海、广州等经济发达地区，回用件销售额占总销售额的比重超过 30%。

四是行业集中度不断提升。最新数据显示，2016 年前三季度，回收拆解企业回收量前 50 位共回收报废汽车 611 197 辆，占全国总回收量的 59%，占比不到 10% 的企业回收了近 60% 数量，说明行业发展集中度在不断提高。同时，前 50 位中绝大部分回收拆解企业的回收量在 5 000~20 000 辆之间，占到了 84%。

虽然回收拆解行业近年来得到稳步发展，但是仍存在较多问题，限制了该行业的发展水平，具体体现在以下方面。

一是报废汽车正规回收量偏低。我国每年应报废车辆中，真正进入正规回收渠道的车辆与国家有关部门信息公布的数字相差甚远，有近一半以上的报废汽车已经达到使用年限却没有报废，这部分汽车一半进入非法拆解渠道，另一半依然在道路上继续行驶，这种情况不仅影响到报废汽车的回收，同时也存在极大的安全隐患。

二是回收拆解秩序有待规范。受利益驱动，报废汽车回收拆解市场秩序较为混乱，大量应报废的汽车没有按规定交售给正规回收拆解企业，而是继续上路行驶。

三是行业盈利方式较为单一。由历史原因形成的我国报废汽车回收拆解企业集回收、拆解、剪切破碎于一体的经营模式，这种经营模式重点不突出，企业仍以销售废钢铁为主要盈利目标，忽视零部件的附加值，零部件利用率比较低，销售价格难以提升。

9.2.2　汽车零部件再制造发展现状

1. 国内零部件再制造企业概况

为推进再制造产业规模化、规范化、专业化发展，工信部和国家发展改革委先后发布了再制造试点有关文件，截至 2014 年年底我国再制造试点企业已有 77 家。

在 77 家汽车零部件再制造试点企业中，有 34 家试点企业位于华东地区，占试点企业的 34%；华中地区有 16 家再制造试点企业，占总数的 19%，东北和华北、华南和西北分别有 9 家和 6 家，西南地区仅有 2 家。在我国再制造试点企业中国有企业和民营企业比重较大，占试点企业的 39%，其次为中外合资企业、外商独资企业等。我国再制造试点企业呈现出聚集在东部沿海发达地区、国有企业和民营企业占主导的特点。

2. 零部件再制造企业运行效果以及发展近况

在国家相关政策推动下，我国汽车零部件再制造种类逐渐增多，集中在发动机、发电机等产品，已经向多样化、聚焦化发展，再制造质量和市场体系逐渐完善，再制造研究、应用及产业化初见成效。据测算，2015 年，我国汽车零部件再制造产品产销量突破 50 万套，产值突破 80 亿元。到“十三五”末，我国汽车零部件再制造比例可达到报废车辆的 10%，再制造产品范围从最初的发动机、变速器、起动机、发电机等四大领域逐步拓展到转向器、助力泵、机油泵、空压机、增压器等 10 余个产品细分领域。

目前，我国基于尺寸恢复与性能提升为特色的技术体系逐渐完善，关键技术应用取得突破。一些汽车、工程机械和矿山机械等行业的再制造企业效益较好，逐渐走向良性发展道路。再制造生产过程的数字化、网络化、智能化发展，也得到行业和企业的重点关注。

但由于我国再制造产业起步晚，基础薄弱，存在着法规制度不健全、逆向物流不畅通以及消费者认知度较低的问题，具体如下。

一是由于缺乏系统、合理的回收体系，庞大的再制造资源散落在各处，回收难度很大。我国有 600 多家报废汽车回收拆解企业，正规回收量偏低，相当部分报废汽车或者卖到边远地区超期服役，或者通过非法手段拆解，造成资源浪费、环境污染和安全隐患。

二是法律法规不能满足市场的发展。《报废汽车回收管理办法》中关于“包括发动机、变速器、前后桥在内的‘五大总成’（汽车发动机、方向机、变速器、前后桥、车架）必须交售给钢铁企业作为生产原料”的要求，让很多可进入再制造环节的原料必须交售钢铁企业。

三是消费者认知程度偏低。当前，我国消费者的普遍观念是“再不如新”，不愿意使用再制造产品，这种观念是目前汽车再制造行业发展的主要瓶颈之一。维修商除非消费者要求，一般不会主动推荐使用再制造产品。另外，再制造产品较少，售价上优势不明显。

此外，还存在假冒伪劣产品多，质量和安全性得不到保障；销售模式缺乏，市场开发不够等问题。这些因素构成了再制造产业规模化发展的桎梏。

9.2.3 车用动力电池回收利用发展现状

目前，我国已基本掌握相应的回收处理技术，但是回收工艺水平较低。一方面，国内针对动力电池的回收工艺路线还处于探索阶段，以循环制造为目标的回收技术还没有开展。另一方面，国内对动力电池回收处理普遍还停留在废物处理的阶段，对动力电池回收所涉及安全生产和环境保护等问题没有具体的工艺措施和装备保证。各类回收技术对比见表 9-1 所列。

表 9-1　各类回收技术对比分析

<table>
<tr><th>类型</th><th>定义</th><th>方法</th><th>内容</th></tr>
<tr><td rowspan="2">干法回收技术</td><td rowspan="2">干法回收是指不通过溶液等媒介，直接实现材料或有价金属的回收方法，主要是通过物理分选法和高温热解法，对电池破碎进行粗筛分类，或高温分解除去有机物以便于进一步的元素回收。
优点：干法回收不经过其他的化学反应，工艺流程较短。
缺点：回收的针对性不强，是实现金属的分离回收初步阶段</td><td>机械分选法</td><td>机械分选法是利用电池不同组分的密度、磁性等物理性质的不同，采取破碎、筛分等手段将电池材料粗筛分类，实现不同有用金属的初步分离回收的目的。对于锂离子电池来说，由于其结构比较特殊，活性材料和集流体黏合紧密，不易解体和破碎，在筛分和磁选时，存在机械夹带损失，因此很难实现金属的完全分离回收</td></tr>
<tr><td>高温热解法</td><td>高温热解法主要通过高温焚烧分解去除黏结剂，使材料实现分离，同时经过高温焚烧，电池中的金属会氧化、还原并分解，形成蒸汽挥发，通过冷凝将其收集。该方法虽然工艺简单，产物单一，但耗能较高，比较适合预处理过程</td></tr>
<tr><td rowspan="3">湿法回收技术</td><td rowspan="3">湿法是以各种酸碱性溶液为转移媒介，将金属离子从电极材料中转移到浸出液中，再通过离子交换、沉淀、吸附等手段，将金属离子以盐、氧化物等形式从溶液中提取出来。
优点：各有价金属的回收率较高。
缺点：湿法回收技术工比较艺复杂</td><td>湿法冶金</td><td>湿法冶金是将废弃电池破碎后，用合适的化学试剂选择性溶解，分离浸出液中的金属元素。由于处理设备投资成本低，适合中小规模废旧锂电池的回收。为了提高金属的提取效率，该工艺要求废弃锂电池在破碎前要根据电池的材料化学组成的不同进行精细分类，以配合浸出液化学系</td></tr>
<tr><td>化学萃取法</td><td>萃取法是利用某些有机试剂与要分离的金属离子形成配合物，然后利用适宜的试剂将金属分离出来。这种方法对设备的防腐要求高，同时要使用大量有机溶剂，对环境有二次污染，且回收成本高</td></tr>
<tr><td>离子交换法</td><td>利用离子交换树脂对要收集的金属离子络合物的吸附系数的不同来实现金属分离提取。该工艺简单，易于操作</td></tr>
<tr><td>生物回收技术</td><td>利用微生物浸出，将体系的有用组分转化为可溶化合物并选择性地溶解出来，得到含有效金属的溶液，实现目标组分与杂质组分分离，最终回收锂等有价金属。
优点：生物回收技术是一种工艺简单、成本经济、环境友好的回收技术。
缺点：目前刚起步，技术不成熟，使用周期过长</td><td colspan="2">目前，应用生物浸出技术处理废弃锂离子电池的研究才刚刚起步，还有许多难题需要解决，如高效菌种的培养，周期过长，浸出条件的控制等。但其低成本、污染小、可重复利用的特点，是未来锂离子电池回收技术发展的理想方向</td></tr>
</table>

动力电池回收和再利用面临的主要问题如下。

（1）退役电池复杂性高，拆解难大

退役动力电池复杂程度很高，包括不同类型电池制造和设计工艺的复杂性、串并联成组形式、服役和使用时间、应用车型和使用工况的多样性等。例如，电池有方形、圆柱形不同类型，其叠片、绕组形式也不同，由于集成形式不同，成组后电池包也各异。这些复杂性导致电池回收再利用或者拆解时极为不便，如果进行自动化拆解，对生产线的柔性配置要求比较高，从而导致处置成本过高。

（2）退役电池一致性差，品质不高

退役电池的再利用必须经过品质检测，包括安全性评估、循环寿命测试等，将电芯分选分级，再重组后才可以被再利用。但是，如果动力电池在服役期间没有完整的数据记录，再利用过程中进行电池寿命预测时，准确度可能会下降，电池的一致性无法保障，同时检测设备、检测费用、检测时间、分析建模等成本都会增加。由于不同电池的内阻特性、电化学特性、热特性不同，电池的不一致性和可靠性可能也无法保证，如果一些存在问题的电池在筛选过程中没有被检验出来，而再次被使用，会增加其他整个电池系统的安全风险。

（3）回收成本高，经济性差

相比国外的电池回收机制，国内的动力电池回收工作还没有形成产业化供应链，废旧电池定价不明确。国内在动力电池回收技术上还不够全面，综合利用企业研发或购置设备、技术成本高，虽然已有大量废旧电池堆积，但是综合利用企业回收不到废旧电池，从而形成投入较高，产出不足的现状。

（4）缺乏政策激励引导

国内还没有出台对新能源汽车动力电池回收的激励政策和补贴机制，合法规范的企业长期无法实现盈利，因此对于废旧电池回收利用缺乏兴趣。

（5）回收政策缺乏监管

国内在回收新能源汽车动力电池回收利用方面，相关的配套政策和管理办法的制定还在起步阶段，虽已有部分法规及管理办法，但是在实施阶段尚不健全，因此对应监管部门对动力电池的回收环节无法进行有力的监督。

9.3 报废汽车回收利用技术

9.3.1 拆解设备分类及研究现状

近年来，我国在报废汽车拆解设备工艺的研发上取得较大的进展，形成了部分具有一定规模和技术能力的报废汽车拆解及粉碎设备生产企业，研发的设备充分考虑了我国回收拆解行业的现实情况，既有针对报废汽车中单一零部件或材料处理的专业设备，也有成套自动化拆解处理生产线。这些设备具有设计合理、可靠性高、功能多样、人机协调性好以及自动化程度较高等技术特点，在回收拆解企业得到广泛应用，显著提高了这些企业的技术水平以及工作效率。其中，行业具有代表性的先进报废汽车拆解设备，包括玻璃拆解刀、油水分离装置、移动戳孔放油机、气动抽接油机、制冷剂回收机等。具体见表 9-2 所列。

表 9-2　汽车拆解系列代表性设备

名称	用途
玻璃拆解刀	适用于车辆玻璃的拆卸作业、刀具及吸尘器均集中在小车中，操作过程自动吸收玻璃屑，单人即可操作
油水分离装置	适用于汽车拆解、机械维修、加油站等场所含油污水的治理，采用全自动刮油，隔渣、气浮分离等多项环保新技术，科学的处理流程和独特的结构设计
移动戳孔放油机	适用于报废汽车燃油箱的戳孔及废燃油的收集，采用压缩空气作为动力源，避免产生电火花。提升废燃油收集过程的安全等级，能自动对废燃油过滤处理
气动抽接油机	适用于各种废旧机油或无腐蚀性液体进行回收抽取作业，配有废油收集盆，抽、接油一体，采用压缩空气作动力，保证操作安全、环保、低耗
制冷剂回收机	适用于汽车空调制冷剂回收作业，可自动加注，抽空及回收，手阀控制排出废旧冷冻油，具有过压保护功能
扒胎机	适用于所有小汽车的轮胎拆卸，配置其新型的液压工具系统对所有轮胎的拆卸都无须再借用手持工具。带两个轮胎压轮的组合工具使机器能快捷拆卸所有轮胎
轮毂液压拆取机	主要用于报废汽车轮胎的轮毂拆取工序，将需要拆解的汽车轮胎置于工作台中央，压扁轮胎后分离拆取轮毂及胎圈
手持式移动液压大力剪	适用于切断车辆构件（催化器、排气管、车门、A 柱、B 柱、驱动轴（空心）、发动机支架、转向直拉杆、保险杠等），活动部件装有保护罩，为操纵者提供安全保证；刀型设计符合人体工程学，操作高效、便捷

相关企业着眼于提升报废汽车拆解效率关键零部件的再利用机制，在关键零部件拆卸（解）以及大型报废汽车解体设备方面也进行了深入研究，并且开发出了系列设备，其技术水平与国外同类型产品相当。具体见表 9-3 所列。

表 9-3　报废汽车大型拆解设备

名称	用途
发动机精拆平台	主要用于报废汽车发动机精拆作业，平台结构简单、实用，配有发动机吊装设备，并设有油液收集边，油液经溢流孔自动流入容器中
缸体破碎机	主要用于特定外形尺寸发动机汽缸体及铸铁零件的破碎，采用液压传动，具有体积小、操作灵活、噪音小、冲击振动小等特点，并设有安全防护罩
废钢大力剪	主要应用于中大型报废汽车的移动式快速剪断拆解，处理过程全部实现机械化，提高了生产效率，降低了工人劳动强度
报废汽车快速解体机	主要用于无零部件再制造价值报废汽车的快速解体，处理过程全部实现机械化。该设备仅需一人操作，效率显著提升，并能完整地回收高价值的有色金属
报废汽车预处理及零部件无损拆解线	主要应用于报废轿车解体以及可再制造零部件的拆卸，具有组合方式灵活、节约车间空间以及拆解产量高等特点，可对汽车上有爆炸危险的部件进行有效的拆卸并分类回收，防止环境污染，符合国家环保要求

9.3.2　破碎分选设备研究现状及产业化应用

在报废汽车破碎分选设备研究应用方面，国内具有代表性技术成果为报废汽车车身破碎分选与废钢加工一体化设备以及汽车拆解残渣（ASR）处理线。

报废汽车车身破碎分选与废钢加工一体化设备，该设备工艺流程为将报废汽车车身通过上料装置投入到整机破碎设备将车身粗碎到长条块状，再进入立式破碎搓揉与旋风分离一体化设备内进行粉碎，将车身上相互黏连的钢铁、铜铝、塑胶、化纤、皮革及泡沫等物料进行充分解离，再经后续磁选、涡电流分选、二次分选、专用筛分系统分选后，将其分类回收。报废汽车 ASR 处理生产线，应用于汽车拆解残渣、可燃产业废弃物（废矿物油、染料和涂料废物，有机树脂类废物、废卤化有机溶剂、废有机溶剂、废水污泥等）、生活垃圾、再生资源产业可燃废弃物的分选、破碎干燥。以上设备已在部分地区报废汽车循环经济产业园以及报废汽车拆解示范基地得以应用。

在废钢破碎生产线方面，国内代表性企业开发了系列小型破碎线、废钢破碎生产线，可处理未分类混杂的低质废钢和报废小汽车，具有设计科学、合理布局、自动化程序高的特点，在技术上实现电脑监控、PLC 控制，并具备减震、降噪以及除尘等全方位环保配套，有效避免二次污染，并具备高度的可定制性。以上设备已经在国内众多报废汽车回收拆解企业得到广泛应用，取得了良好的经济效益。

9.3.3 已验证再利用技术

《管理要求》明确 M_1 类汽车的 RRR 计算应符合国家标准 GB/T 19515 的要求。为支撑 RRR 计算过程中对于车用材料可再利用性和可回收利用性的判定，汽车行业近 80 家相关企业成立“车用材料技术工作组”，对我国车用非金属材料的回收利用技术组织调研，并验证这些技术在中国实际的应用情况，寻找技术应用企业，共同研究制定“已验证再利用技术清单”（China Proven Recycling Technology List，CPTL），根据行业实际情况定期进行更新。CPTL 中的回收利用共性技术涉及热塑性塑料、热塑性弹性体、橡胶、热固性塑料、织物、钢化玻璃、夹层玻璃等车用非金属材料。

我国从事热塑性塑料回收的企业虽然数量较多，设备各有差异，但技术原理和过程大同小异，共性技术主要涉及废塑料破碎清洗、混合塑料分离、直接挤出造粒、填充 / 共混 / 增强 / 增韧改性，基本原理是利用热塑性塑料加热软化、冷却硬化特性的可塑性对其进行再利用。热塑性弹性体同样具有热塑性，其回收工艺与热塑性塑料回收工艺类似。

废橡胶的回收利用途径主要包括制胶粉和制再生胶两种，其中制胶粉技术属于物理再生过程，粉碎得到的胶粉主要用于体育场塑胶跑道、公路改性沥青等；而制再生胶技术属于化学再生过程，得到的再生胶可以代替部分天然胶用于生产橡胶制品。

热固性塑料不具有热塑性，无法像热塑性塑料一样通过加热再成型，大部分的车用热固性塑料目前都是作为垃圾处理。目前硬质聚氨酯泡沫目前具备实验室技术，可在粉碎的废料中加入酚醛树脂、表面活性剂、固化剂和发泡剂等，然后搅拌，在磨具中固化得到酚醛泡沫，用于建筑内装饰板材、反应器保温层等。

车用玻璃由于回收利用价值低，因此虽然其具备回收利用途径，但除了少部分用于维修外，大部分均作为垃圾处理。对于钢化玻璃，可采用浮法工艺或发泡成型技术进行回收，得到的浮法玻璃可以用于建筑玻璃、灯具玻璃，得到的泡沫玻璃可以用于化工管道的隔热保温材料；对于夹层玻璃可以用辊压回收技术首先分离 PVB 夹层和玻璃，然后再各自进行再利用。

2017

汽车行业
绿色发展报告

AUTOMOTIVE INDUSTRY GREEN DEVELOPMENT REPORT

发展趋势篇

第 10 章 政策标准发展趋势

10.1 宏观政策环境愈加优化，发展方向日益明朗

“十三五”期间，我国虽然面临经济增速换挡、国际竞争日益激烈、资源环境约束、“人口红利”消失等诸多挑战，但也迎来了全面深入改革、消费结构升级、工业发展新阶段等重大机遇。汽车产业将积极适应“新常态”，力争发展中出现的问题，用更高质量的发展来解决；发展中遇到的难题，用更坚定更深入的改革来破解，践行绿色制造。同时，国家将继续发挥政策的引导作用，从全生命周期管理、引导试点示范、开展绿色金融等方面，致力于支持企业建设绿色制造体系。

1. 加快全生命周期管理的应用与推广

汽车作为国民经济的重要支柱，具有产业链长、关联度大、辐射范围广的特点。推行汽车行业绿色制造，不仅需要汽车企业的努力，更需要汽车上下游企业的协同合作、共同努力。全生命周期理念作为推行全链条绿色发展、推进产业结构升级、减少温室气体和污染排放的重要理论，将在提升汽车工业整体素质方面扮演越来越重要的角色，也将受到更多的政策引导。目前，我国已开展生态设计示范企业创建工作，发布了 99 家示范企业名单，以点带面，优先开展全生命周期管理，形成可复制、可推广的典型模式。下一步，政府将继续深入推进绿色设计示范和绿色设计产品评价，指导和督促等试点企业抓紧试点方案实施工作，开展示范企业的验收，总结试点经验，提升汽车工业绿色发展水平。

2. 打造一批示范带动效应强的绿色标杆

为实现工业绿色发展目标，2016 年，我国着手加强了绿色制造的战略和规划制定，健全政策和标准体系，启动试点和示范，一是通过发布工业绿色发展规划，绿色工程实施指南，在资源循环利用发展，绿色制造技术的创新及产业化等领域做出具体部署。二是以促进全产业链和产品全生命周期绿色发展为目标，以公开透明的第三方评价机制和标准体系为基础，推广绿色产品，建立绿色工厂、绿色园区、绿色供应链的试点示范。未来，国家将进一步拓展示范范畴与维度，将汽车作为重点领域之一，在汽车行业积极培育绿色品牌的新形象，做好节能减排、降本降耗的

减法及提质增效的加法，逐步完善配套支持政策，加强与有关部门的协作配合，强化事中、事后的监督。同时加大示范企业的宣传力度，引导激发绿色消费需求，为绿色制造创造良好的消费文化和社会氛围。

3. 利用绿色金融支持绿色制造

绿色金融是新常态下发展绿色经济的本质要求，已经成为调整产业结构、撬动经济增长的新支点。推动供给侧改革，倡导绿色发展理念，除了要拿出推动科技创新、发展实体经济、保障和改善人民生活的政策措施，也需要利用金融工具支持企业采用节能减排的新设备、新技术，为汽车产业转型升级解除后顾之忧。绿色金融将鼓励银行、证券、保险、信托、投资银行等机构，综合运用绿色信贷、绿色债券、绿色基金等，着力加大对环保创新项目、升级改造项目、资源综合利用项目的扶持力度。尽管我国绿色金融发展尚处于起步阶段，但引导公众投资行为和社会资本流向节能环保产业，推动汽车企业从事绿色生产经营，将成为绿色制造体系建设的重要探索点，也将为节能与新能源汽车、绿色企业注入新的发展动力。

10.2 标准体系逐步完善，行业发展越发规范

2016 年 9 月工信部发布的《绿色制造标准体系建设指南》中提出：绿色制造标准体系分为综合基础、绿色产品、绿色工厂、绿色企业、绿色园区、绿色供应链和绿色评价与服务 7 个子体系。其中绿色产品、绿色工厂、绿色企业、绿色园区、绿色供应链子体系对应《中国制造 2025》提出的“积极构建绿色制造体系”的重点工作，是制造业开展绿色化建设的重点对象，综合基础和绿色评价与服务为这五个绿色优化对象提供基础设施、技术、管理、评价、服务等方面的支撑。各子体系根据绿色优化对象的关键环节和环境因素构建，绿色制造标准体系框架如图 10-1 所示。

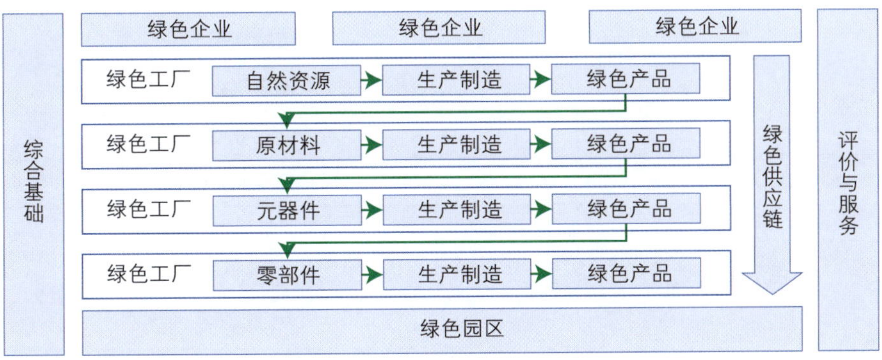

图 10-1 绿色制造标准体系

截至 2016 年，政府已经完成了绿色制造标准化工作的顶层设计，建立起绿色制造标准化管理与协调机制，初步形成绿色制造标准体系。预计到 2020 年，工信部将组织各行业制定一批基础通用和关键核心标准，组织开展重点标准应用试点，基本形成绿色制造标准体系。到 2025 年，绿色制造标准将在各行业普遍应用，形成较为完善的绿色制造标准体系。

绿色制造标准体系充分体现综合、系统、集成的特点，推动绿色产品、绿色工厂、绿色企业、绿色园区、绿色供应链从设计规划到评价服务等重点领域标准制修订。根据国家和产业发展规划要求以及汽车产业特性确定的汽车行业绿色制造标准体系建设重点领域见表 10-1。

表 10-1 汽车行业绿色制造标准体系建设重点领域

标准领域	标准内容
综合基础	计量与监测
	计算与统计
	绿色技术与工艺
	绿色管理
绿色产品	绿色产品设计
	减量化
	无害化
	产品能效及水效
	利用清洁能源
	资源化
绿色工厂	绿色工厂规划
	资源节约
	能源节约
	清洁生产
	废物利用
	温室气体
	污染物排放
绿色企业	绿色企业创建
	资源结构
	能源结构
	产品结构
	产出效率

（续表）

标准领域	标准内容
绿色园区	产业共生耦合
绿色供应链	绿色采购
	绿色营销
	绿色物流及仓储
	回收及综合利用
绿色评价与服务	绿色评价、标识与报告

汽车产业将积极落实标准体系要求，建立缺失标准，修订落后标准，充分发挥标准的先导作用，指引企业正确、合理、高效地开展绿色产品、绿色工厂、绿色企业、绿色园区、绿色供应链试点建设，实现绿色发展。

第 11 章
产业发展趋势

11.1 材料品类日益更新，汽车环保性能显著提升

近年来，为了满足消费者对汽车产品日益严苛的环保要求，越来越多的汽车生产企业在产品研发设计阶段优先选择无毒无害、低毒低害、可再利用的绿色车用材料，提升汽车产品的环保性能。如生物材料被应用于降低汽车有毒有害物质含量及污染物排放；碳纤维、工程塑料等轻量化材料助力降低汽车油耗，实现低碳化发展；免喷涂材料的研发与推广推动打造清洁驾仓，营造健康乘车环境。总之，绿色车用材料既能满足传统材料的物化性能、品质属性，又能从源头出发最大限度降低环境污染，重塑汽车制造业竞争新优势。未来，随着汽车行业绿色发展日趋深入，绿色车用材料的更新换代将不断加快，种类日趋多样，加快汽车工业由逆向开发向正向设计的质变步伐。

11.2 绿色采购广泛推广，汽车产业生态圈初步形成

随着汽车工业的快速发展，汽车企业对整车开发和生产的深度逐步降低，自制件呈减少趋势，外购件的采购趋于集成化、全球化，在技术上越来越依赖零部件厂商，如何在采购环节严把质量关卡，推行绿色采购理念，对于实现汽车全生命周期的良性发展变得越来越重要。所谓绿色采购，是指通过优先购买和使用环保产品或服务，识别并降低非环境友好影响因素，有效控制后续生产、使用、运输、处理与回收利用等过程中对环境的不良影响。目前，汽车行业绿色采购包括两个层面，一是采购绿色产品，二是选择绿色供应商。汽车产业未来的竞争，不仅是汽车企业间的横向竞争，更是汽车全生命周期各个环节的纵向竞争。汽车企业应逐步改良现有采购体系，建立健全绿色采购标准，评选绿色供应商，将环境要求纳入绩效考核指标，发挥汽车企业的引领带动作用，打造汽车产业生态圈。

11.3 清洁生产技术发展迅速，节能减排力度逐步加大

当前，美国、澳大利亚、荷兰、丹麦等发达国家在清洁生产领域，着眼点逐渐从清洁生产技术向清洁产品的整个生命周期转变。我国汽车行业紧随国际趋势，在制造环节秉承全生命周期理念，以清洁生产技术为基础，力争打造用地集约化、原料无害化、生产洁净化、废物资源化、能

源低碳化的绿色工厂。下一步，汽车产业将持续发力，从技术与管理两个方面，实现“节能、降耗、减污、增效”目标。在技术层面，研发绿色涂装工艺和高效节能装备，开展系统性成套、余热回收、废水回用等技术的研究，以满足绿色工厂工艺及装备的需求，提高能源利用效率，减少污染物排放；在企业管理层面，提高包括管理人员、工程技术人员、操作工人在内的全体员工在经济观念、环境意识、技术水平、职业道德等方面的素质，建立企业绿色工厂管理及实施方案，以制度保障企业节能减排的有序进行。

11.4 汽车绿色化不断提升，节能与新能源汽车持续发力

汽车保有量的持续增加和原油对外依存度的不断升高，大力发展节能与新能源汽车势在必行。一方面，在可预期的未来，传统内燃机汽车仍将占据汽车市场的重要份额，开展节能汽车研究，通过先进发动机技术的应用，使车辆能量效率不断提升，是降低汽车燃油消耗量的重要保障；另一方面，以插电式混合动力、纯电动、燃料电池等技术为主的新能源汽车将不断取得突破，逐步扩大市场占有率，实现新技术节能。未来，我国汽车行业将着力建成以市场为导向、企业为主体、产学研用紧密结合的节能与新能源汽车创新产业体系。因此，汽车行业在节能战略规划、产业转型升级方面应抓住机遇，按照创新驱动、重点突破、协调发展的要求，提高汽车产品的绿色化水平，进而推动汽车产业的优化升级，实现绿色发展。

11.5 拆解技术稳步升级，资源综合利用效率有效提高

现阶段，我国报废汽车数量持续增长，相关拆解设备研发与应用保持较快的发展势头。针对我国报废汽车回收拆解行业企业间差异较大、情况复杂、技术水平偏低以及拆解过程中极易出现安全隐患和二次污染等问题，相关企业积极开展专业设备的研发工作，既有针对报废汽车中单一零部件或材料的高效分选设备，也有成套自动化拆解处理生产线。先进拆解设备的研发与应用，将大幅提升报废汽车拆解的安全性，提高资源综合利用效率，对报废汽车回收利用效益有明显提升。从技术发展趋势来看，拆解设备的开发将继续向功能全面、可灵活定制、高度可靠以及易于操作维护的方向发展，从而大幅缩小与国外同类型设备的技术水平差距，开发出更加符合我国报废汽车回收拆解行业特点及需求的专业设备。

附录 1

中国汽车产业市场情况

2016 年是“十三五”开局之年，在改革创新深入推进和宏观政策效应不断释放的共同作用下，汽车行业加大供给侧改革力度，产品结构调整和更新步伐持续加快，产销增速呈逐月增高态势，尤其是 6 月后同比更是呈现快速增长。

2016 年全年汽车产销均超 2 800 万辆，连续 8 年蝉联全球第一，行业经济效益指标呈明显增长，对确保宏观经济平稳运行起到了重要作用。具体分析如下。

1. 产销量再创历史新高

2016 年我国汽车产销较快增长，产销总量再创历史新高。受购置税优惠政策等促进因素影响，月度销量除 2 月以外，其余月份均明显高于 2015 年同期，销量累计增长率呈“直线上升”走势，总体呈现产销两旺发展态势。

2016 年汽车产销分别完成 2 811.9 万辆和 2 802.8 万辆，比 2015 年同期分别增长 14.5% 和 13.7%，高于 2015 年同期 11.2 和 9.0 个百分点。

2. 乘用车产销高速增长

受购置税优惠政策影响，乘用车产销再创历史新高，总体呈现平稳增长势态。2016 年，乘用车产销分别完成 2 442.1 万辆和 2 437.7 万辆，比 2015 年同期分别增长 15.5% 和 14.9%，增速高于汽车总体 1.0 和 1.3 个百分点，其快速增长对于汽车产销增长贡献度分别达到 92.3% 和 94.1%。

乘用车 4 类车型产销情况看，相较于 2015 年同期，轿车产销分别增长 3.9% 和 3.4%；SUV 产销继续保持高速增长，分别增长 45.7% 和 44.6%；MPV 产销增长分别为 17.1% 和 18.4%；交叉型乘用车产销分别下降 38.3% 和 37.8%。

2016 年，受购置税优惠政策影响，1.6 L 及以下乘用车销售 1 760.7 万辆，比同期增长 21.4%，占乘用车销量比重为 72.2%，比 2015 年同期提高 3.6 个百分点。对乘用车销量的贡献度为 97.9%。 1.6 L 及以下乘用车购置税减半政策促进汽车销售增长，对于节能减排、促进小排量车型消费起到了很大引导作用。

3. 新能源汽车增速超 50%

2016 年新能源汽车生产 51.7 万辆，销售 50.7 万辆，比 2015 年同期分别增长 51.7% 和 53%。其中纯电动汽车产销分别完成 41.7 万辆和 40.9 万辆，比 2015 年同期分别增长 63.9% 和 65.1%；插电式混合动力汽车产销分别完成 9.9 万辆和 9.8 万辆，比 2015 年同期分别增长 15.7% 和 17.1%。

新能源乘用车中，纯电动乘用车产销分别完成 26.3 万辆和 25.7 万辆，比 2015 年同期分别增长 73.1% 和 75.1%；插电式混合动力乘用车产销分别完成 8.1 万辆和 7.9 万辆，比 2015 年同期分别增长 29.9% 和 30.9%。

4. 中国品牌乘用车市场份额继续提高

2016 年，中国品牌乘用车共销售 1 052.9 万辆，同比增长 20.5%，占乘用车销售总量的 43.2%，比 2015 年同期提高 2 个百分点；其中：中国品牌轿车销售 234 万辆，同比下降 3.7%，占轿车销售总量的 19.3%，比 2015 年同期下降 1.4 个百分点；中国品牌 SUV 销售 526.8 万辆，同比增长 57.6%，占 SUV 销售总量的 58.2%，比 2015 年同期提高 4.8 个百分点；中国品牌 MPV 销售 223.8 万辆，同比增长 19.9%，占 MPV 销售总量的 89.6%，比 2015 年同期提高 1.2 个百分点。

5. 前十企业增速略低于行业

2016 年，汽车销量排名前十位的企业集团销量合计为 2 476 万辆，同比增长 12.9%，低于行业增速 0.8 个百分点。占汽车销售总量的 88.3%，与 2015 年同期相比下降 0.6 个百分点。

6. 汽车出口同比降幅收窄

2016 年，汽车出口 70.8 万辆，比 2015 年同期下降 2.7%，降幅继续缩小。其中乘用车出口 47.7 万辆，比 2015 年同期增长 11.5%；商用车出口 23.1 万辆，比 2015 年同期下降 23.1%。根据海关数据整理，1~11 月，汽车整车进口 95.8 万辆，比 2015 年同期下降 3.4%；出口 73.2 万辆，比 2015 年同期增长 4.7%。

7. 重点企业营业收入保持增长

据 2016 年 1~11 月汽车工业重点企业（集团）主要经济指标快报显示，主要经济指标保持不同程度增长，增幅与 1~10 月相比，利润、利税总额有所回落。

1~11 月，汽车工业重点企业（集团）营业收入呈较快增长，累计实现营业收入 32 596.89 亿元，同比增长 16.21%，增幅与 1~10 月相比，提高 0.23 个百分点。

1~11 月，汽车工业重点企业（集团）累计实现利润总额 3 300.04 亿元，同比增长 7.21%，增幅与 1~10 月相比，回落 2.43 个百分点。累计实现利税总额 5 309.48 亿元，同比增长 7.44%，增幅与 1~10 月相比，回落 2.29 个百分点。

附录 2
车用材料使用占比情况

1. 不同车用材料使用情况

通过选取 170 余款代表车型进行研究分析，统计钢材、铸铁、铝材、铜合金、聚合物、橡胶等不同材料在整车中的使用质量，具体结果如下。

（1）行业整车质量情况

绝大多数汽车车型的整车质量约为 1 000~2 250 kg，在研究的车型范围内，整车质量最低值为 740.5 kg，最高值为 2 416.5 kg，行业平均水平约为 1 555 kg。如附图 2-1 所示。

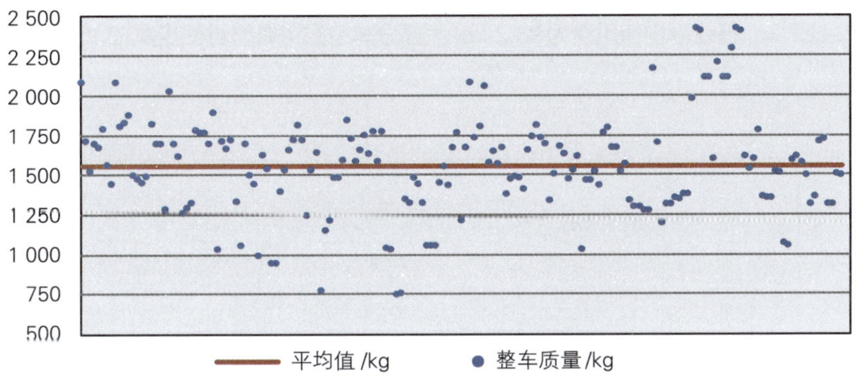

（数据来源：中国汽车技术研究中心数据资源中心）

附图 2-1　整车质量分析

（2）整车钢材使用情况

钢材在汽车用材中最为广泛，目前汽车制造所用的钢材主要分为钢 / 铸钢 / 烧结钢、非合金钢（碳钢）及低合金钢、高合金钢三大类。一般构成汽车的零部件约有 3 万多个，在这些零件中 86% 是金属材料，而在金属材料中，钢材占比可达 80%。钢材主要用于汽车中发动机系统、动力传动系统、转向系统、制动系统、悬架减震系统等部位。研究数据显示，整车钢材使用质量最大值为 1 294.1 kg，最小值为 191.6 kg，平均值约为 881.7 kg，大部分车型整车钢材使用量在 450~1 200 kg 之内波动。具体如附图 2-2 所示。

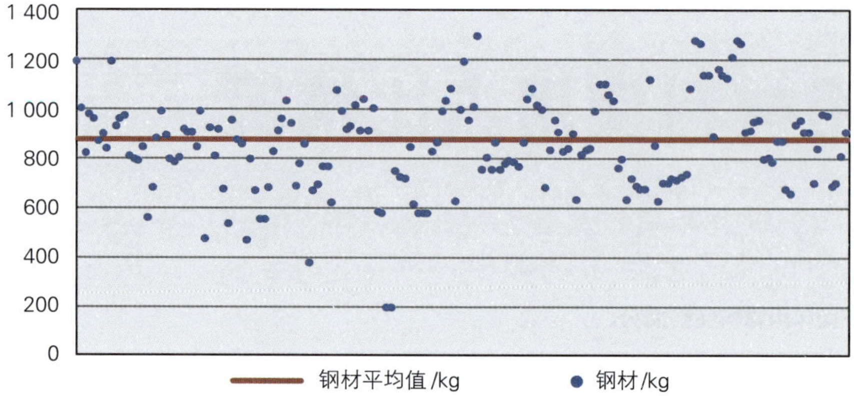

（数据来源：中国汽车技术研究中心数据资源中心）

附图 2–2　整车钢材使用情况分析

（3）整车铸铁材料使用情况

整车铸铁材料使用质量与钢材相比偏少，目前用于汽车制造的铸铁材料主要分为灰口铸铁、球墨铸铁、高合金铸铁三大类。研究数据显示大部分车型的铸铁材料使用量最小值约 3.4 kg，最大值约为 241.7 kg，行业平均使用量为 93.2 kg，大部分车型的铸铁材料使用量在 20~150 kg 之间。具体如附图 2-3 所示。

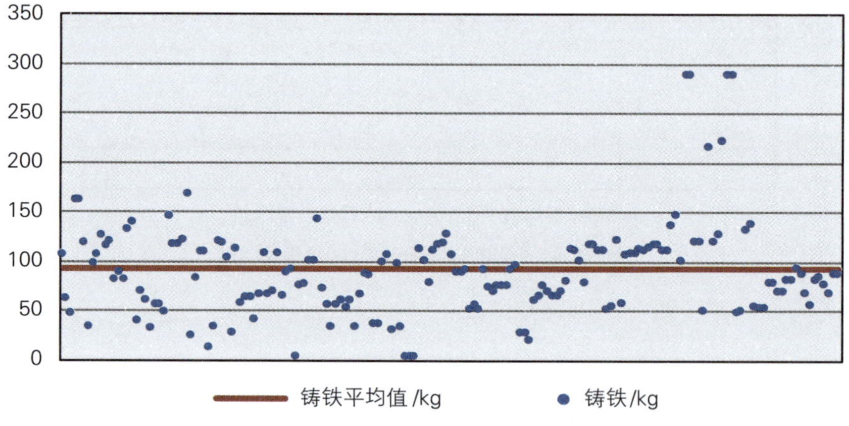

（数据来源：中国汽车技术研究中心数据资源中心）

附图 2–3　整车铸铁材料使用情况分析

（4）整车铝材使用情况

汽车制造过程中，使用的铝及铝合金材料分为铸造铝合金和变形铝合金两大类。铸造铝合金主要用于铸造发动机气缸体、离合器壳体、后桥壳、转向器壳体、变速器、配气机构、机油泵、水泵、摇臂盖、车轮、发动机框架、制动钳、油缸及制动盘等非发动机构件。变形铝合金在汽车上主要用于制造车门、行李箱等车身面板、保险杠、发动机罩、车轮的轮辐、轮毂罩、轮外饰罩、制动器总成的保护罩、消声罩、防抱死制动系统、热交换器、车身构架、座位、车厢底板等结构件以及仪表板等装饰件。整车用材中，铝材的用量约为 20.2~289.7 kg，平均值约为 105.1 kg。可以看出，铝材用量与钢材用量比相对较少，就行业平均水平来看，约少 776.6 kg。

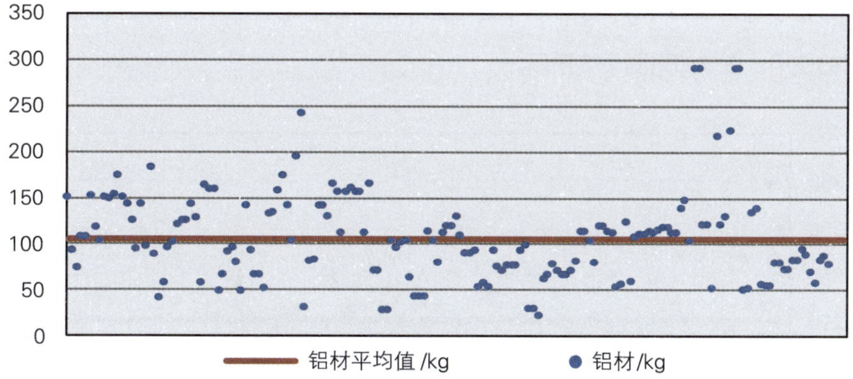

（数据来源：中国汽车技术研究中心数据资源中心）

附图 2-4　整车铝材使用情况分析

（5）整车铜合金材料使用情况

铜合金在汽车制造过程用主要用于散热器、齿轮轴承、液压装置以及其他部件中。整车用材中，铜合金材料的用量极少，使用量最少的车型为 0.4 kg，使用量最多的车型为 25.7 kg，研究车型范围内，铜合金的平均使用量仅为 5.6 kg。具体如附图 2-5 所示。

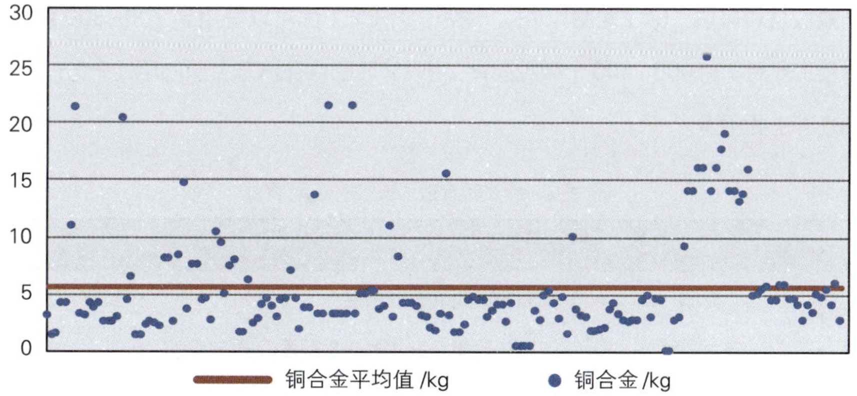

（数据来源：中国汽车技术研究中心数据资源中心）

附图 2-5　整车铜合金使用情况分析

（6）整车聚合物使用情况

聚合物指除橡胶之外的塑料，例如热塑性塑料、热塑性弹性体、热固性塑料以及其他高分子材料等，这些聚合物塑料在汽车中的应用主要分为三大类：内饰件、外饰件和功能件。内饰件包括方向盘、仪表盘、坐垫、靠垫、车门内饰板及车顶棚衬里等部件，外饰件包括保险杠、散热器格栅、挡泥板、进气道、导流板以及灯类等。研究范围内的车型，整车聚合物使用质量最大值为 353.1 kg，最小值为 84.9 kg，行业平均使用量为 203 kg。总体上，整车聚合物的用量较大，仅次于钢材的使用。具体如附图 2-6 所示。

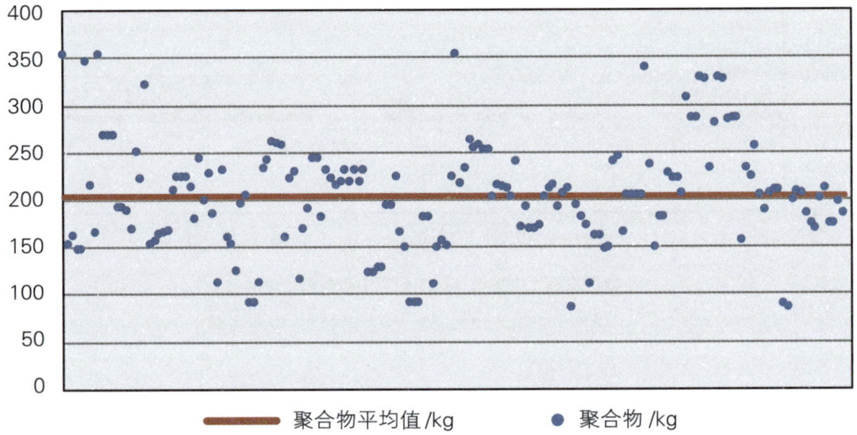

（数据来源：中国汽车技术研究中心数据资源中心）

附图 2-6　整车聚合物使用情况分析

（7）整车橡胶使用情况

对于橡胶材料来说，除了轮胎以外，一般一个汽车上面可以使用到 200~300 种橡胶配件，一些货车及工业用车有 400~600 个橡胶配件，所以橡胶配件在汽车上面的用处十分广泛。附表 2-1 为橡胶的几种主要用途。

附表 2-1　橡胶在汽车上的应用情况

序号	用途	说明
1	轮胎	轮胎为橡胶的主要用途
2	车用胶管	如散热器管、空调管、水箱管、汽油管等
3	汽车密封制品	橡胶具有抗腐蚀耐高温等性能，能够有效地保持耐磨抗疲劳现象
4	汽车减震橡胶制品	用于汽车减震，例如橡胶弹簧等

除个别车型的橡胶使用质量偏高，为 163 kg 外，大部分汽车车型的橡胶质量分布在 0~100 kg 之间，行业橡胶使用量均值为 65.4 kg，相比聚合物材料的使用偏少。具体如附图 2-7 所示。

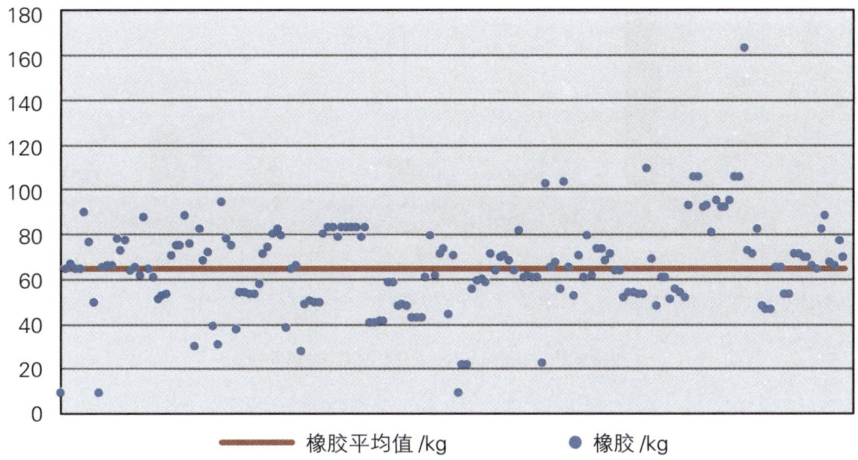

（数据来源：中国汽车技术研究中心数据资源中心）

附图 2-7　整车橡胶使用情况分析

2. 不同种类车型车用材料使用情况

如附图 2-8 所示，汽车车型一般分为传统汽车、新能源汽车两类，统计各自质量取平均后，得知一般传统汽车比新能源汽车的整车平均质量偏大，二者相差约 355.2 kg。分别统计分析两个种类汽车钢材、铸铁、铝材等不同车用材料的平均使用量，可得出二者除铜合金使用质量相差不多外，传统汽车中钢材、铸铁、铝材、聚合物以及橡胶的平均使用质量均高于新能源汽车，如附图 2-9 所示。

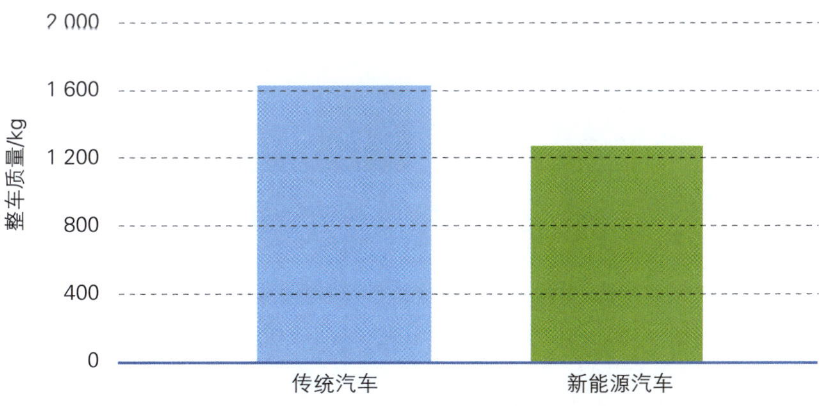

（数据来源：中国汽车技术研究中心数据资源中心）

附图 2-8　传统及新能源汽车整车质量分析

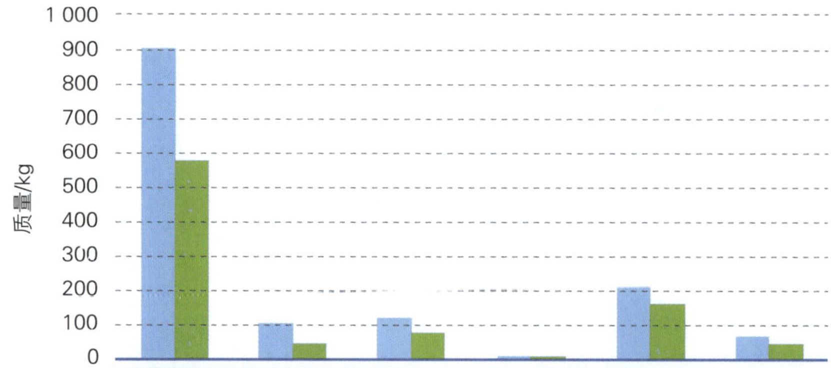

材料	钢材	铸铁	铝材	铜合金	聚合物	橡胶
传统汽车	904.4	106.4	122.4	5.4	208.9	71.3
新能源汽车	576.0	48.7	77.8	7.7	161.6	49.4

（数据来源：中国汽车技术研究中心数据资源中心）

附图 2–9　传统及新能源汽车不同车用材料使用情况分析

3. 不同类型汽车车用材料使用情况

研究数据显示，越野车的平均质量最大，约为 2 003.1 kg；多用途乘用车的质量仅次于越野车，约为 1 712.8 kg；而轿车的平均质量最小，约为 1 320.5 kg。可以看出，随着车型的大小变化，轿车、多用途乘用车、越野车的质量逐渐呈现加大趋势。具体如附图 2-10 所示。

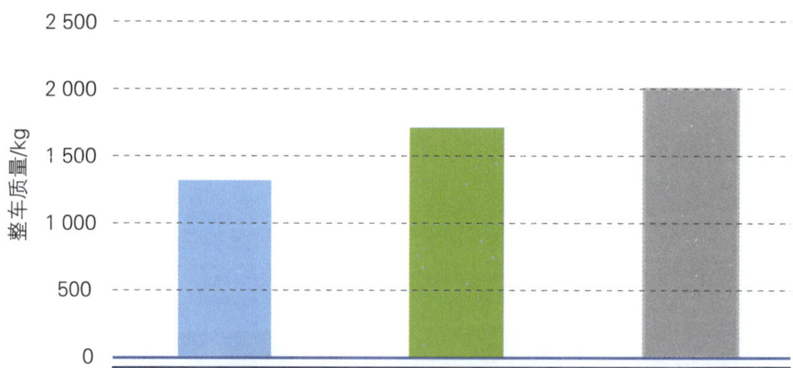

车型	轿车	多用途乘用车	越野车
	1 320.5	1 712.8	2 003.1

（数据来源：中国汽车技术研究中心数据资源中心）

附图 2–10　不同类型汽车整车质量分析

如附图 2-11 所示，通过分析不同车型汽车中钢材、铸铁、铝材、铜合金、聚合物、橡胶等车用材料的使用情况可以看出，轿车、多用途乘用车、越野车使用的车用材料中，除铜合金的使用量相差不多外，其他车用材料与整车质量变化趋势一致，即整车质量越大，其各种车用材料的使用质量也越大。此外，在 6 种车用材料中，轿车、多用途乘用车、越野车使用的钢材均最多，其次为聚合物，使用量最小的仍为铜合金材料。

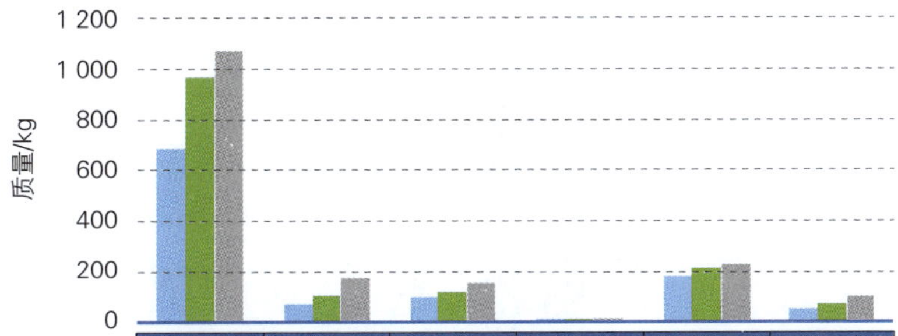

	钢材	铸铁	铝材	铜合金	聚合物	橡胶
轿车	687.8	73.9	99.3	4.6	183.6	53.2
多用途乘用车	972.0	104.6	123.1	6.6	211.7	74.1
越野车	1 074.0	171.6	151.5	4.5	226.2	103.5

（数据来源：中国汽车技术研究中心数据资源中心）

附图 2–11　不同类型汽车不同车用材料使用情况分析

附录 3
中国生态汽车评价参评车型汇总

附表 3-1 生态汽车评价参评车型汇总

（数据来源：中国汽车技术研究中心数据资源中心）

序号	企业名称	车辆型号	销售型号	车辆类型	整备质量 /kg	最大总质量 /kg	燃油种类	变速器型式	额定载客	供油方式	评价结果
1	上海大众汽车有限公司	SVW71416BL	凌渡 2015 款 230TSI DSG 风尚版	M_1	1 325	1 825	汽油	自动	5	直喷	86.48（金牌）
2	上海大众汽车有限公司	SVW71415KL	明锐 2015 款 1.4TSI DSG 逸俊版	M_1	1 290	1 790	汽油	自动	5	直喷	87.76（金牌）
3	上汽通用汽车有限公司	SGM7144DAA1	科鲁兹 2016 款 1.4T DCG 豪华版	M_1	1 300	1 700	汽油	自动	5	直喷	77.89（银牌）
4	广汽本田汽车有限公司	HG7155CAC5A	锋范 2015 款 1.5L CVT 舒适版	M_1	1 094	1 545	汽油	自动	5	直喷	82.14（金牌）
5	广州汽车集团乘用车有限公司	GAC6450A1C5A	传祺 GS4 2015 款 200T G-DCT 舒适版	M_1	1 475	1 900	汽油	自动	5	气道多点喷射	80.68（金牌）

（续表）

序号	企业名称	车辆型号	销售型号	车辆类型	整备质量 /kg	最大总质量 /kg	燃油种类	变速器型式	额定载客	供油方式	评价结果
6	一汽大众汽车有限公司	FV7124LADBG	高尔夫 2016 款 1.2TSI 自动舒适版	M_1	1 280	1 760	汽油	自动	5	直喷	90.40（白金牌）
7	观致汽车有限公司	QAL7163VAA	观致 3 轿车 2016 款 1.6L 5 速自动 致能型	M_1	1 320	1 840	汽油	自动	5	电喷	82.05（金牌）
8	东风本田汽车有限公司	DHW7152GJCSE	哥瑞（GREIZ）2016 款 1.5L CVT 舒适版	M_1	1 104	1 550	汽油	自动	5	直喷	76.57（银牌）
9	神龙汽车有限公司	DC7124TYAN	C4 世嘉 2016 款 1.2T 手动舒适型	M_1	1 295	1 709	汽油	手动	5	直喷	79.01（银牌）
10	神龙汽车有限公司	DC7126TLAN	308s 2016 款 1.2T 手动尚驰版	M_1	1 260	1 663	汽油	手动	5	直喷	92.62（白金牌）
11	神龙汽车有限公司	DC7126TLAB	308S 2015 款 1.2T 自动尚驰版	M_1	1 305	1 721	汽油	自动	5	直喷	91.05（白金牌）
12	天津一汽丰田汽车有限公司	TV7184GL-iHEV	卡罗拉双擎 2016 款 精英版	M_1	1 405	1 845	汽油	CVT	5	多点电喷	95.44（白金牌）
13	北京现代汽车有限公司	BH7142TAV	领动 2016 款 1.4T 双离合 炫动•活力型	M_1	1 317	1 780	汽油	DCT	5	缸内直喷	86.02（金牌）

（续表）

序号	企业名称	车辆型号	销售型号	车辆类型	整备质量 /kg	最大总质量 /kg	燃油种类	变速器型式	额定载客	供油方式	评价结果
14	东风汽车有限公司东风日产乘用车公司	DFL7168VBL3	轩逸 2016 款 1.6L CVT XV+ 智尊版	M_1	1 255	1 670	汽油	CVT	5	多点电喷	96.27（白金牌）
15	浙江吉利控股集团有限公司	MR7132L05	新帝豪 2017 百万款 1.3T 手动向上版	M_1	1 322	1 697	汽油	手动 6 速变速器	5	多点电喷	91.12（白金牌）
16	长城汽车股份有限公司	CC6450UM40	哈弗 H6COUPE 2016 款 2.0T 手动柴油两驱都市型	M_1	1 769	2 260	柴油	手动	5	缸内直喷	81.01（金牌）
17	上汽通用五菱汽车股份有限公司	LZW7123CAY	宝骏 310 2016 款 1.2L 手动豪华型	M_1	1 005	1 350	汽油	MT	5	多点电喷	80.03（金牌）
18	长安马自达汽车有限公司	CAM7150A5	新 Mazda3 AXELA 昂克赛拉 2017 款 三厢 1.5L SKYACTIV-G 6AT i-stop 豪华型	M_1	1 310	1 820	汽油	自动 AT	5	多点缸内直喷	—
19	奇瑞汽车股份有限公司	SQR7151T152	瑞虎 7 2016 款 1.5T 手动耀尊版	M_1	1 432	1 807	汽油	MT	5	多点电喷	—

附录 4
2015 年度国内主要乘用车企业平均燃料消耗量核算情况表

附表 4-1　达标排名前二十国产乘用车企业平均燃料消耗量核算情况

企业名称	乘用车进口量 / 辆	平均整车整备质量 /kg	企业平均燃料消耗量 / (L/100km)			是否达标	实际值 / 达标值	排名
			目标值	2015 年达标值	2015 年实际值			
华晨宝马汽车有限公司	286 203	1 673.12	8.66	8.66	6.95	是	80.25%	1
北京奔驰汽车有限公司	255 059	1 705.93	8.75	8.75	7.09	是	81.03%	2
江西五十铃汽车有限公司	2 245	2 063.22	9.95	9.95	8.08	是	81.21%	3
长安马自达汽车有限公司	166 925	1 330.11	7.40	7.40	6.21	是	83.92%	4
南京汽车集团有限公司	221	2 383.03	11.25	11.25	9.61	是	85.42%	5
广州汽车集团乘用车有限公司	186 833	1 469.98	7.90	7.90	6.76	是	85.57%	6
比亚迪汽车有限公司	202 399	1 274.47	7.12	7.12	6.10	是	85.67%	7

（续表）

企业名称	乘用车进口量 / 辆	平均整车整备质量 /kg	企业平均燃料消耗量 /（L/100km）			是否达标	实际值 / 达标值	排名
			目标值	2015 年达标值	2015 年实际值			
浙江吉利汽车有限公司	233 864	1 313.18	7.20	7.20	6.20	是	86.11%	8
东风雷诺汽车有限公司	101	1468.91	8.02	8.02	6.92	是	86.28%	9
天津一汽丰田汽车有限公司	464 775	1 251.46	7.05	7.05	6.14	是	87.09%	10
观致汽车有限公司	14 272	1 407.90	7.57	7.57	6.61	是	87.32%	12
一汽大众汽车有限公司	1 622 013	1 419.52	7.72	7.72	6.77	是	87.69%	14
长安标致雪铁龙汽车有限公司	22 533	1 514.58	8.01	8.01	7.03	是	87.77%	15
合肥长安汽车有限公司	59 698	1 022.75	6.07	6.07	5.35	是	88.14%	16
奇瑞捷豹路虎汽车有限公司	27 182	1 864.35	9.30	9.30	8.20	是	88.17%	17
上汽大通汽车有限公司	14 172	2 136.05	10.31	10.31	9.17	是	88.94%	18
重庆长安铃木汽车有限公司	121 786	1 085.08	6.45	6.45	5.78	是	89.61%	19
广汽本田汽车有限公司	560 095	1 312.44	7.34	7.34	6.59	是	89.78%	20

附表 4-2 达标排名前十进口乘用车企业平均燃料消耗量核算情况

（数据来源：汽车燃料消耗量数据管理系统）

企业名称	乘用车进口量 / 辆	平均整车整备质量 /kg	企业平均燃料消耗量 /（L/100km）			是否达标	实际值 / 达标值	排名
			目标值	2015 年达标值	2015 年实际值			
沃尔沃汽车销售（上海）有限 公司	14 280	1 725.09	8.93	8.93	6.91	是	77.38%	1
宝马（中国）汽车贸易有限公司	173 825	1 762.34	8.95	8.95	7.49	是	83.69%	2
丰田汽车（中国）投资有限公司	87 043	1 727.34	8.87	8.87	7.51	是	84.67%	3
梅赛德斯 - 奔驰（中国）汽车销售有限公司	149 071	1 831.50	9.29	9.29	7.92	是	85.25%	4
一汽进出口有限公司	45 631	1 931.05	9.49	9.49	8.24	是	86.83%	5
神龙汽车有限公司	5 407	1 442.30	7.80	7.80	6.91	是	88.59%	6
捷豹路虎汽车贸易（上海）有限公司	67 340	2 228.78	10.55	10.55	9.62	是	91.18%	7
大众汽车（中国）销售有限公司	53 036	1 773.68	8.95	8.95	8.31	是	92.85%	8
斯巴鲁汽车（中国）有限公司	39 938	1 559.89	8.16	8.16	7.58	是	92.89%	9
保时捷（中国）汽车销售有限 公司	54 864	1 976.99	9.76	9.76	9.20	是	94.26%	10

注：① 按照 GB27999，2015 年企业达标值为目标值的 100%。
② 企业平均燃料消耗量按车型对应产量 / 进口量加权计算得出。车型燃料消耗量须按照统一的检测方法 GB/T 19233-2008《轻型汽车燃料消耗量试验方法》检测。
③ 试验室检测燃料消耗量数据与实际燃料消耗量数据存在差异。
④ 平均燃料消耗量核算不含新能源乘用车和出口乘用车。

附录 5
中国新能源汽车历年销量

附表 5-1　中国新能源汽车历年销量

（数据来源：终端零售数据统计）

年份	乘用车			客车			专用车	总计
	纯电动	插电式	燃料电池	纯电动	插电式	燃料电池	纯电动	
2011	1 460	290	0	660	68	0	371	2 849
2012	4 540	233	0	1 390	720	0	788	7 671
2013	9 534	518	0	2 101	3 669	0	1 634	17 456
2014	30 041	13 116	6	6 050	11 072	0	1 375	61 660
2015	133 539	57 561	0	92 536	25 744	0	34 295	343 675
2016	242 143	74 277	8	103 298	18 229	29	46 063	484 047
总计	567 266			265 566			84 526	917 358

附录 6
2010—2016 年报废汽车回收量

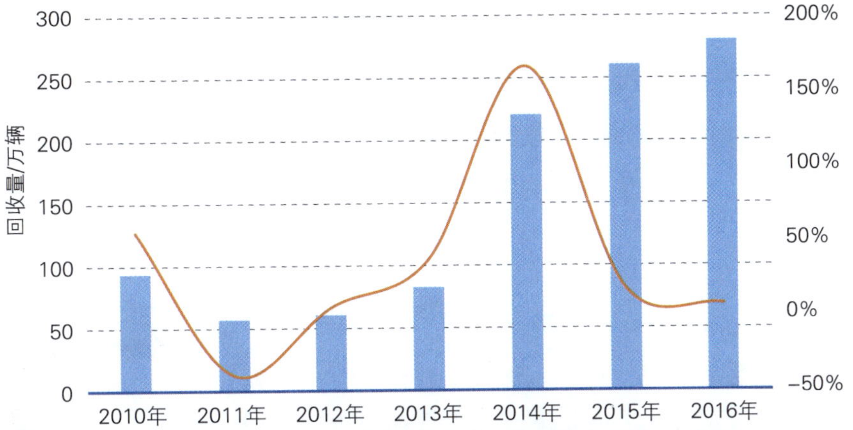

年度	2010	2011	2012	2013	2014	2015	2016
回收量 / 万辆	93.4	56.6	60.0	82.7	220.0	260.0	280.0
同比增幅	55.89%	-39.40%	6.01%	37.83%	166.02%	18.18%	7.69%

（数据来源：公开数据整理所得）

附图 6-1　2010—2016 年报废汽车回收量

附录 7
汽车企业绿色发展报告发布情况

1. 吉利绿色发展报告

《2017 浙江吉利控股集团企业绿色发展报告》在中国汽车生态设计国际论坛正式发布，吉利汽车积极吹响企业贯彻落实绿色发展理念的号角。吉利汽车在汽车全生命周期内，通过绿色设计、绿色采购、绿色工厂、绿色产品、绿色营销和回收利用等多方面进行全方位、多角度地深入落实绿色发展理念。

在设计方面，吉利汽车以全生命周期为设计理念，以原料无害化、能源低碳化、生产洁净化、废物资源化为目标，应用生命周期评价技术，从产品设计开发阶段系统考虑材料选用，制造、销售、使用、处理等各个环节可能对环境造成的影响，并从源头将其降低到最小。

在采购方面，吉利汽车奉行绿色采购理念，要求采购的产品不含有危害人体健康的有害化学物质，并要求供应商在生产过程中不使用污染环境和有害人体的化学物质，尽可能减少产生污染环境的废弃物，从而实现源头控制。2016 年，吉利汽车 95% 的供应商已通过环境管理体系认证。

在工厂方面，吉利汽车按照“建无害于环境的绿色工厂，造有益于人类的环保汽车”的环境方针，将节能减排的责任落实到生产运营的各个环节。吉利在临海基地利用屋顶和停车场的空间，开展了光伏发电项目，年发电量 1.2 亿 kWh，产生经济效益 1 500 多万，减少标煤消耗约 1.5 万吨，减少碳排放近 12 万吨。在涂装工艺方面，吉利应用成熟的 3C2B 和水性漆喷涂工艺，水性漆用量占比达 73%，VOC 排放为 26 g/m^2，达到行业先进水平。

在产品方面，我们全方位实施绿色节能汽车战略，产品覆盖新能源车型、节能车型、清洁能源车型。我们的新帝豪 2017 百万款 1.3T 手动向上版，以 91.12 分的高分获得 C-ECAP 白金牌，成为 C-ECAP 的标杆车型。同时，吉利坚持以绿色产品开发为导向，目前已将 C-ECAP 纳入吉利整车正向开发流程中。我们研发的甲醇汽车单车最大行驶历程已超 40 万 km，车辆运行平稳，经济性、环保性表现优良。

在营销方面，2016 年，吉利新能源汽车销量达到 1.7 万辆，累积社会保有量已将近 500 万辆。从 2016 年开始，吉利已全面进入 3.0 时代，要求经销商新建的 4S 店，必须通过环境认证，目前，现有的经销商中，通过环境认证比例的约有 730 家，占比达 96.5%。

在绿色物流方面，吉利积极调整运输结构比例，逐步扩大铁路、水路运输份额，打造绿色物流运输体系，其中铁路和水路运输比例已达 21.7%。同时，积极推广绿色包装，2016 年实现 3 066 种零件的包装转换，循环包装比例达 77%。

在回收利用方面，吉利汽车针对欧盟 RRR 指令建立了一套完整的回收认证管理体系，基于 MDS 的可回收数据管理体系框架，开发了国内汽车行业第一款汽车回收率计算软件系统。在此基础上，吉利积极参与国内汽车行业回收及有害物质管控体系的建设，并致力于实现汽车产品的全生命周期环保可回收性的控制。

2. 奇瑞绿色发展报告

坚持绿色发展，已成为世界范围内一种新的经济增长和社会发展模式。保护绿水青山、碧海蓝天，不仅是每个人的向往，也是每个人的责任。奇瑞汽车一直将节能减排、推动低碳经济发展作为自己的社会责任，也作为企业实现绿色发展的动力之源。奇瑞汽车发布《2017 奇瑞汽车股份有限公司企业绿色发展报告》，积极展示企业绿色发展的阶段性成果。

奇瑞汽车秉承“创新奇瑞，让你更精彩”的使命，以绿色发展为灵魂，以品质为生命，以客户为中心，全面提升企业的品牌力和产品力，力争通过不断的努力，为用户打造“更安全、更节能、更环保”的汽车，使奇瑞汽车成为具有强大竞争力和品牌影响力的先进自主品牌车企。同时围绕产品全生命周期思想，切实推进公司生产经营实现绿色发展。

一是坚持正向开发，做好顶层设计。奇瑞在 V 字形正向开发体系的基础上，建成以奇瑞上海技术中心（CTCS）为引擎，融合观致、奇瑞捷豹路虎的研发人才和流程的协同研发机制，形成了前瞻技术研究、平台规划和开发、造型设计、关键系统开发、虚拟验证优化、工艺设计与试制、试验验证以及整车集成与匹配的八大研发能力。为产品设计落实提升车内环境质量与降低车外环境影响的全方位安全、健康、节能环保技术提供了强有力的保障。

二是坚持合作共赢，精心打造卓越供应链。奇瑞汽车与供应商建立长期伙伴关系，实施集团战略供应商合作，实现资源有效整合，形成了标准化、规范化的规模采购效应，实现互利共赢。同时，我们多措并举，不断提升体系内供应商环境管理体系建设。目前，奇瑞体系内供应商获得 14001 环境管理体系认证的占比达 76%。

三是坚持节能减排，落实绿色制造体系建设。奇瑞汽车全面推行全球一体化的奇瑞生产方式和全面生产管理（TPM）模式，为奇瑞产品保障质量的同时，积极推广节能减排技术的广泛应用，重点推广绿色照明、电机变频、动态无功补偿、余热利用、光伏发电、微电网储能系统等技术。奇瑞研发的高固综合改造项目获得了国际汽车涂装研讨会的环境足迹奖。奇瑞率先在汽车行业开展清洁审核，2016 年，废气排放控制率 100%，废水处置率 100%，固废综合利用率 95.8%。

四是坚持创新驱动，实现节能、新能源、智能网联汽车协同化发展。奇瑞在平台化、模块化的基础上，形成了系列化的产品阵列，包括节能动力产品、含气体、生物燃料的节能汽车产品、含蓝驱、混合动力、纯电动的新能源汽车产品。产品阵列全方位覆盖，体现了奇瑞用心做绿色节能产品的理念与成就。奇瑞瑞虎 7 2016 款 1.5 T 手动耀尊版在 C-ECAP 评价中荣获金牌。

五是坚持客户导向，构建绿色营销体系。奇瑞倡导经销商贯彻与实施绿色、环保、安全的理念，通过管理认证化、设施完备化、流程标准化、车间透明化来打造绿色环保的经销商。同时，奇瑞大力优化运输方式、优化物流线路、使用清洁能源来打造绿色物流模式。积极倡导绿色运输方式，不断提升批量化、铁路和水路运输比例，优化运输线路，缩短运输里程。2016 年公路运输比例下降了 7%，运输里程缩短了 5.1%。

六是坚持开发节约并重，贯彻落实生产责任延伸制度，致力于建设全生命周期的回收利用体系。奇瑞汽车在设计阶段考虑汽车产品的回收利用，努力实现生产、使用、报废各阶段各类物资的循环利用。2016 年，累计处理废旧物资 8 万多吨，实现经济效益 1.4 亿元，废旧物资的回收过程中，减少碳排放约 11 万吨，减少二氧化硫排放约 0.34 万吨，减少氮氧化物排放约 0.17 万吨。